rororo

rororo Men's Health

Men's Health: *Der Survival-Guide. Was echte Männer können müssen* von Wolfgang Melcher (rororo 60860)

Men's Health: *Bodyguide Mann. Fakten, Vorurteile und Funktionen* von Thomas Lazar (rororo 61113)

Men's Health: *Penis pur. Was Männer wissen wollen* von Katharina Butz/Detlef Icheln (rororo 60691)

Men's Health: *So macht man brave Mädchen wild. Der ultimative Erotik-Guide* von Astrid-Christina Richtsfeld (rororo 60680)

Men's Health: *Bei der nächsten Frau wird alles anders. Was Männer sich sparen können* von Astrid-Christina Richtsfeld (rororo 61116)

Men's Health: *Bodyconcept Bauch. Der ultimative Kraft-, Ausdauer- und Ernährungsguide* von Thorsten Tschirner und Christine Wolters (rororo 61123)

Men's Health: *Du siehst gut aus! Der Pflege-Guide für Männer* von Astrid Wronsky (rororo 60484)

Robert S. Polster

Men's Health

Power-Workout für Body & Soul

Fatburning

Kraft

Energie

Entspannung

Fotos: Patrick Beier

Rowohlt Taschenbuch Verlag

rororo Men'sHealth
Lektorat Bernd Gottwald

Originalausgabe
Veröffentlicht im Rowohlt Taschenbuch Verlag GmbH,
Reinbek bei Hamburg, Februar 2002

Umschlaggestaltung Thomas Lemmler
(Foto: © David Arterberry)
Layout Annette Peter
Satz Palatino Light und Andale Mono (PostScript)
QuarkXPress 4.11
Gesamtherstellung Clausen & Bosse, Leck
Printed in Germany
ISBN 3 499 61027 2

Die Schreibweise entspricht den Regeln
der neuen Rechtschreibung.

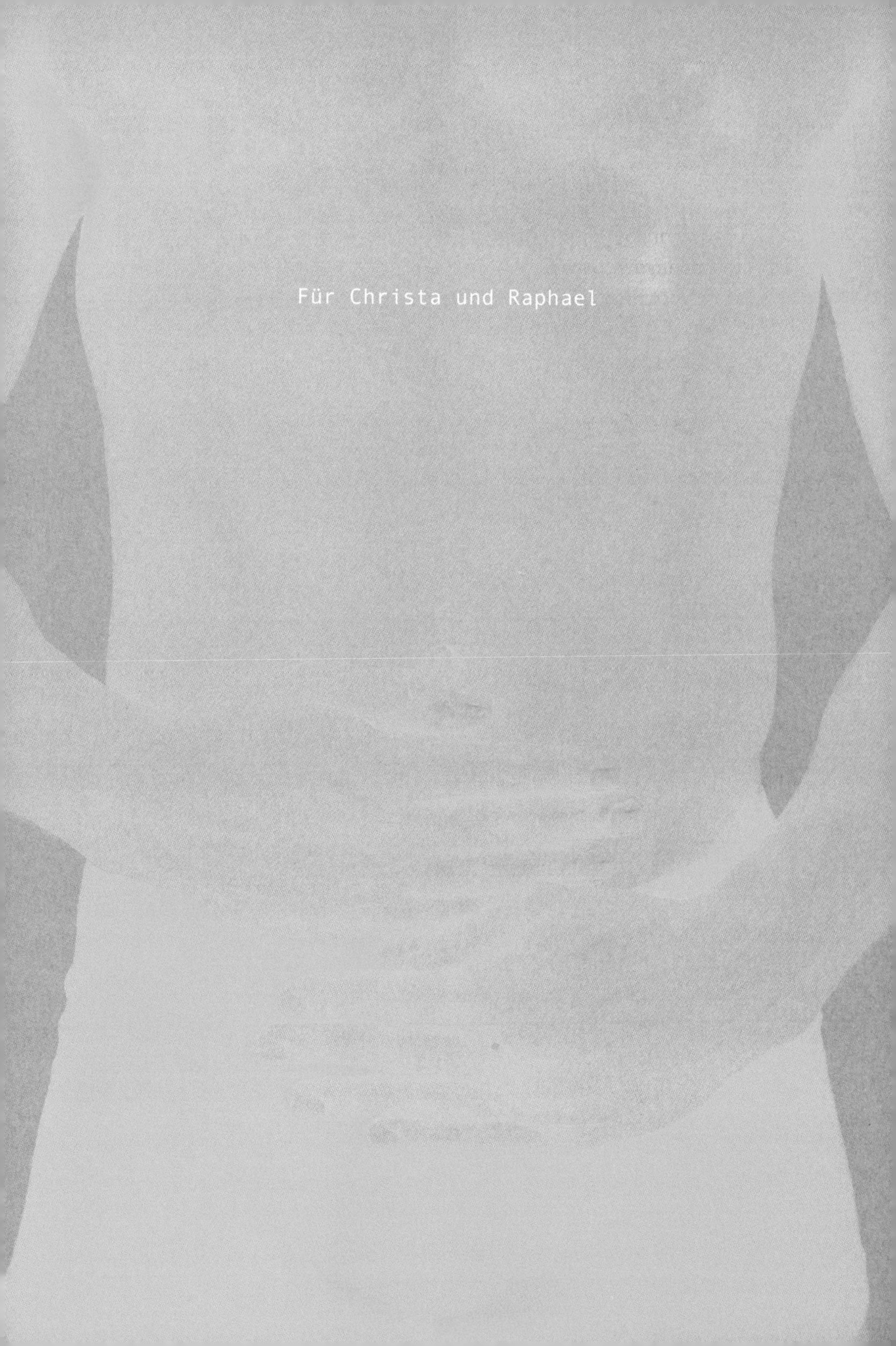

Für Christa und Raphael

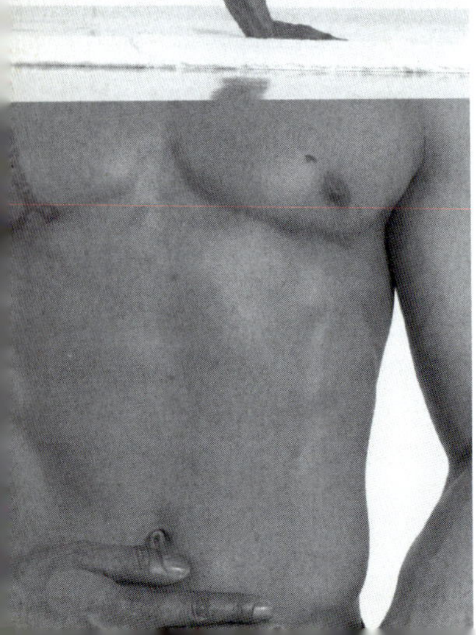

In

Grundlagen

halt

Das Übungs-programm

Ins Energiezentrum vorstoßen: sitzende Power-Exercises 122

Liegende Positionen: Warm-down 148

Schlusspositionen 162

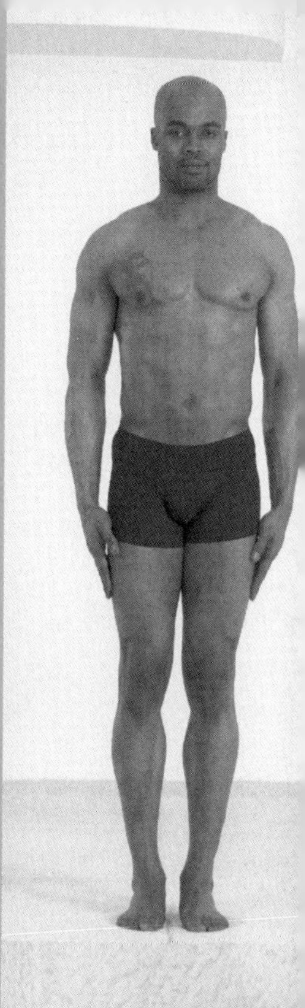

Vorwort

Eine gehörige Portion Energie ist das wichtigste Element zur Bewältigung von Stress und ausschlaggebend für Optimismus, positiven Selbstausdruck und ein Leben voller Lust. Ein wesentliches Instrument, die persönliche Energie zu steigern und effizient zu nutzen, sind die hier zusammengestellten Powerübungen für Männer: Durch sie können Sie selbst erfahren, wie es ist, den gesamten Körper zu spüren und voller Energie zu sein!

Meinen eigenen Weg dorthin habe ich mir allerdings enorm erschwert. Denn früher habe ich viel zu einseitig trainiert und mein Programm eher als ein hartes Stück Arbeit begriffen, anstatt den Genuss darin zu sehen, meinen Körper zu spüren und ihm das zu geben, was er braucht. Spaß und Sinnlichkeit kamen einfach zu kurz, weil ich besessen davon war, meine Workout-Resultate zu messen und das optische Ergebnis – womöglich täglich – zu überprüfen. Ich habe mich dem üblichen Leistungs- und Erwartungsdruck ausgesetzt, indem ich einem fragwürdigen Klischee von Männlichkeit hinterherlief.

Ich war regelrecht süchtig danach, meinen Körper an Studiomaschinen, beim Gewichtheben oder Laufen, bei endlosen Push-ups und Klimmzügen bis zur Erschöpfung auszupowern, und habe viel Zeit aufgewendet, ganz der «tolle Typ» mit Waschbrettbauch, Riesenmuckis und souveränem Touch zu sein. Ich war bereit, alles dafür zu tun – allerdings auf viel zu komplizierte Weise!

Im Alter von 13 Jahren schaffte ich noch nicht mal einen einzigen Klimmzug und war ein so genannter Spargeltarzan – damals begann ich damit, möglichst schnell Stärke und Muskeln aufzubauen. Ich trainierte hart, und als zu Beginn der 70er Jahre die Nautilusmaschinen in den Studios in Mode kamen, war dies für mich wie für die gesamte Fitness-Szene ein großer Einschnitt, denn es begann das Zeitalter der maschinengesteuerten Workouts!

Ich trainierte, ackerte und schwitzte täglich bis zu drei Stunden, und mein Armumfang wuchs bald auf 50 Zentimeter. Ich konnte extreme Gewichte von der Bank aus heben und endlich 100 Klimmzüge hintereinander bewältigen. Ein wahnsinniger Erfolg!?

Bei dieser Schinderei blieb ich die viele Jahre und wurde ein echter Muskelmann, ein Maniak ... Als ich 33 Jahre alt war, fand ich, dass ich meine «Topform» erreicht hatte, immerhin konnte ich 42 Kilometer in beachtlich kurzer Zeit laufen und das Doppelte meines Eigengewichts stemmen – und ich sah auch entsprechend aus. Aber meine Kondition war trotzdem nicht besonders gut, irgendetwas fehlte, und ich hatte aus beruflichen Gründen auch nicht mehr die Möglichkeit, so zeitintensiv zu trainieren. Das war in den 80ern.

Als ich während eines Trips zur schönen Insel Maui, Hawaii, meinen Cousin besuchte, war ich von dessen Persönlichkeit und Erscheinung stark beeindruckt. Doch es irritierte mich, dass er zehn Jahre älter war als ich und dabei flexibler, geschmeidiger und durchtrainierter wirkte. Wie machte er das bloß bei seinem relaxten Lebensstil ohne Muckibude?

Euphorisch, kreativ und stark durch Power Yoga

Eines Abends fragte er mich: «Willst du mal eine Technik kennen lernen, die den gleichen Effekt wie Joggen, Gewichtheben, Herz-Kreislauf-Training, Massage und Übungen mit Hanteln und Maschinen hat – aber alles in einem einzigen Training vereint? Dieses Training kannst du außerdem auf einer Fläche von zwei Quadratmetern machen.»

Vitalisierung für den Körper, Inspiration für den Geist

Ich war mehr als interessiert ... Bisher war ich immer auf ein Studio angewiesen, um mich in Form zu bringen, genauso wie auf eine schöne Laufstrecke, denn sonst wurde mir das Joggen schnell langweilig. All das war manchmal schwierig in meinen Alltag einzubauen. Das, wovon mein Cousin sprach, schien die Lösung für derartige Hindernisse zu sein, denn ich würde trainieren können, wann und wo ich es wollte.

Am nächsten Morgen stieß ich auf *das* Workout, das mir inzwischen seit 20 Jahren hilft, meine persönliche Energie zu stärken.

Als ich in den Übungsraum kam, war ich überrascht, dass dort etwa 20 Leute jeweils völlig unterschiedliche Trainingspositionen – Springen, Hüpfen, Stemmen, Stretchen, Beugen im Sitzen oder Stehen – einzunehmen schienen. All das wirkte überwältigend, unübersichtlich und chaotisch auf mich. Ich schaute erst einmal eine Stunde lang beim Training zu. Als ich mir die Übungen näher betrachtete, erkannte ich nach und nach ihren Sinn: Die Bewegungsabläufe waren absolut harmonisch und komplex und schienen alle Muskelpartien anzusprechen. Dazu kam, dass trotz der Power und Dynamik der Bewegungen eine Leichtigkeit und Eleganz von den Übungen ausging, die ich von keiner anderen Trainingsform kannte. Die Beweglichkeit, die dort beim Dehnen, Springen oder Beugen sichtbar wurden, verblüffte mich: Ähnliches hatte ich durch mein Muskeltraining nie erreicht. Oftmals bewirkt reiner Muskel- und Kraftaufbau, dass der Körper insgesamt unbeweglicher wird. Aber die hier Übenden waren nicht nur beweglich, sondern auch erstaunlich stark, und ihre Muskeln waren durchaus eindrucksvoll. Dieses Konzept wollte ich unbedingt erlernen, und zwar umgehend, an Ort und Stelle!

Mir blieb nur noch eine Woche Zeit, also kontaktierte ich den entsprechenden Lehrer umgehend und fragte ihn: «Kannst du mich unterrichten?» Er empfahl mir, nach einer intensiven Einführung durch ihn mein eigener Trainer zu werden und das Programm bei mir zu Hause auszuprobieren. Im nächsten Jahr sollte ich viermal nach Maui zurückkommen, um dort weitere Kurse zu besuchen.

So geschah es dann auch. Ich war in der glücklichen Position, meine Zeitplanung darauf einstellen zu können, und mir gefiel die Idee, mein eigener Lehrer zu sein. Ich erfuhr, dass die Methode «Ashtanga-Yoga» heißt, was überhaupt nichts mit dem zu tun hatte, was ich je mit dem Begriff «Yoga» verbunden hätte. Die Übungen waren extrem dynamisch, voller Energie und bewegt – ganz anders, als man es vom klassischen Yoga kennt und erwartet. Zudem hatten die Übungen keinen «esoterischen Touch», der mich immer davon abgehalten hat, Interesse für eine derartige Soft-Gymnastik zu entwickeln. Dies hier war etwas ganz anderes, und wie ich sah, interessierten sich insbesondere viele Männer für das Training – das stachelte meinen Ehrgeiz an. Varianten des Ashtanga-Yoga nennt man auch Power-Yoga, eben weil die Übungen so voller Energie stecken und gleichermaßen beweglich wie auch stark machen.

Ganzheitliche Fitness: Optimaler Energie- und Powerbooster

Ich lernte die Grundlagen des Ashtanga-Yoga und probierte die Trainingstechnik zu Hause viermal wöchentlich jeweils eine Stunde lang aus. Meine «Arnold-Schwarzenegger-Phantasien» gab ich auf, und mein Armumfang entwickelte sich etwas zurück, war aber mit etwa 40 Zentimetern immer noch beachtlich. Ich hatte sämtliche anderen sportlichen Aktivitäten eingestellt, um die Effizienz des Trainings besser einschätzen zu können. Und es war erstaunlich: Ich wurde tatsächlich stärker, meine Kondition verbesserte sich, ich wurde wesentlich beweglicher und insgesamt fitter und gesünder.

Aber vor allem änderte sich mein Sexualleben – und es ist bis heute viel aufregender, als ich es jemals zuvor erfahren habe.

Das Geheimnis dieser imposanten Veränderung, so wurde mir schnell klar, lag vor allem in der Atemtechnik, die ein zentraler Teil der Übungen war. Dieses neue Atmen hatte einen enormen Einfluss auf meine Ausdauer, aber auch auf meine Empfindungsfähigkeit. Eine wichtige Erkenntnis war für mich, dass Atemkontrolle über-

haupt ein Schlüssel zu Fitness und Empfindungsfähigkeit ist – nie zuvor hatte ich so etwas in Erwägung gezogen!
Der physische Part stellte dabei nur den Anfang der Entwicklung dar, denn einmal befreit von Stress und Spannungen, wurde auch mein Kopf freier, und ich konnte meine Gedanken positiv beeinflussen. Mentale Stärke und Konzentrationsfähigkeit ist ein Schlüssel zum Erfolg – dies ist auch Spitzensportlern sehr bewusst.

Ultimatives Energie-Management

Mein Ziel war es, eine relativ einfache, aber den gesamten Körper ansprechende Trainingsmethode zu entwickeln, die als tägliches 20-Minuten-Workout zu absolvieren ist. Dies ist mir gelungen und ich war damit sehr erfolgreich – tatsächlich trainiere ich heute manchmal nur noch sieben Minuten und erhalte mir damit meine körperliche und geistige Fitness!

Meine Freunde, aber auch meine Partnerin, bescheinigen mir immer wieder, wie sehr es sie erstaunt, dass ich mich mit so wenig Zeitaufwand optimal in Form halten kann, ganz abgesehen von der sinnlichen Ausstrahlung, die nicht zu übersehen sei …

Non-stop-Energiesteigerung für ‹ganze Kerle›

Bei so viel positivem Feedback und durch meinen eigenen Enthusiasmus für Power-Yoga fühlte ich mich ermutigt, selber Trainer und Ausbilder für diese phantastische Workout-Methode zu werden und so andere Männer dabei zu unterstützen, ebenfalls Zugriff auf ihr gesamtes Energiepotenzial zu bekommen.

Ich war in Indien, Los Angeles, San Francisco und New York, um dort Ashtanga zu studieren. Ich habe eine vereinfachte Form entwickelt, die jeder erlernen kann und die auch anderen Männern den Energiekick bringt, den ich täglich selbst genieße!

Mittlerweile haben mich private Entscheidungen nach Berlin geführt, wo ich seit anderthalb Jahren Power-Yoga unterrichte. Das hier beschriebene Workout ist das Ergebnis aus 20 Jahren Praxis, Unterrichten und Selbsterfahrung. Ich habe meinen persönlichen Ashtanga-Stil jahrelang in Los Angeles bekanntesten Studios, wie «Gold's Gym», «L. A. Athletic Club» und «Yoga works», als Personal Trainer unterrichtet und immer weiterentwickelt. Es ist ein komplettes Ganzkörpertraining für Body & Soul!

Grund

lagen

Das ultimative Power-Workout

Der Ursprung des Power-Yoga

Energie pur gegen Terminstress und Alltagshektik

Atmung – das Zentrum des Power-Yoga

Sex – anders, intensiver, besser

Wann, wo, wie oft muss man trainieren?

Das ultimative Power-Workout

Männer, wollt ihr ewig schlafen? Oder doch lieber attraktiv, energiegeladen und sexy sein? Wer keine Lust mehr auf langweilige Workouts hat und eine spannende Alternative sucht, mit der er seine Kondition, Power und Ausstrahlung verbessern möchte, ist endlich fündig geworden!

Power-Yoga ist ein regelrechtes «Four in one»-Training für neue Energie und Ausstrahlung: Es dient dem Muskelaufbau, ist ein prima Fatburner, ist eine komplette Stretchingmethode und sorgt für Stressbewältigung. Sean Penn, Meg Ryan, Andy Garcia, Madonna und andere VIPs schwören auf die Methode und halten sich so fit.

Doch was ist so geheimnisvoll und besonders an dem Workout? Es ist ein ganzheitliches Fitnesskonzept, das verschiedene Techniken erfolgreich miteinander verknüpft. Dieses neuartige und dynamische Yoga-Training hat sich vom Image eines spirituell geprägten Weges der Körperbeherrschung emanzipiert und sich zu einem weltweit anerkannten Energie-Management entwickelt – für alle, die von Alltag und Job gestresst sind und etwas für Körper und Seele tun wollen.

Vom Dringlichen zum Wesentlichen

Die persönlichen Bedürfnisse des modernen Mannes kollidieren mehr und mehr mit den komplexen sozialen, beruflichen und privaten Erwartungen. Terminstress, Informationsflut, Konkurrenzdenken, Zukunftsangst, gesellschaftlicher Druck sowie zahlreiche Verpflichtungen als Geschäftsmann, Ehepartner, Geliebter, Freund und Vater katapultieren die eigene Sehnsucht nach mehr Gelassenheit und Ruhe häufig in unerreichbare Ferne.

Das Prinzip des Dringlichen hat längst die Frage nach dem Wesentlichen verdrängt. Nur wenigen scheint der Luxus vorbehalten, genug Zeit für einen harmonischen Lebensstil im Einklang mit den inneren Bedürfnissen und großen Lebenszielen zu finden. Darum ist eine neue Möglichkeit gefragt, wie Körper und Geist in Balance zu bringen sind, wie Innen- und Außenwelt miteinander versöhnt und alle Facetten des Lebens zu einer Einheit gebracht werden können. Es geht um nicht weniger als die Optimierung des persönlichen Zeitmanagements und darum, kreativ jenseits der Mittelmäßigkeit zu operieren.

Ratio und Intuition in Einklang bringen

Wir Männer müssen dringend unsere Methoden der emotionalen Selbst-Sabotage überwinden und uns anders als bisher betrachten: Die Kooperation von Ratio und Intuition ist angesagt. Wir sollten öfter einmal die Prioritäten vom Dringlichen zum Wesentlichen verschieben. Wenn wir es schaffen, soziale Energieräuber zu verabschieden und individuelle Wohlfühlstrategien entspannt umzusetzen, können wir zu einem ganzheitlichen Leben finden.

Männer sind oft zu unmotiviert oder zu faul, sich zu einem Training aufzuraffen, das mehr von ihnen verlangt als bloßes Nachturnen. Allerdings entgeht ihnen dadurch all das, was ein ganzheitlicher Trainingsstil im

Gegensatz zu den herkömmlichen Fitness-Techniken leisten kann: Mit Power-Yoga können Männer eine neue Dimension ihres Selbst kennen lernen.

Natürlich möchten wir nur die Vorteile eines derartigen Workouts genießen – Energie ohne Ende, beste Laune und einen tollen Körper plus mehr Sexappeal. Aber sobald wir etwas dafür – für uns! – tun müssen, beginnen die Ausreden: «Nö, heute nicht, hab schon was vor …»; «Ich geh doch schon seit Jahren schwimmen, warum soll ich jetzt das hier machen?»; «Kann nicht, meiner Freundin geht's nicht so gut …» usw. Die Liste der Entschuldigungen, warum wir nichts an uns und unserem Körper verändern, jetzt, hier und sofort, ist schier unendlich.

Dabei sind die Leiden groß – ob im Büro, durch zu lange Autofahrten oder Flüge, beim hektischen Einkauf oder im Freizeitstress.

«Four in one» – stark und effektiv

Das Power-Workout ist eine Synthese aus Kraft, Konzentration, Ausdauer und «Ozeanischer Atmung». Durch eine Serie von klassischen Yogaübungen aus dem indischen «Asthanga» werden die Elemente zu einer fließenden Einheit verbunden. Der Übungsverlauf ist sehr dynamisch und wird vom eigenen Atemrhythmus getragen, die Positionen werden meistens mit dem Ein- oder Ausatmen gewechselt. Bei einer derartigen Trainingspraxis entsteht Kraft durch das Gewichtheben – man stemmt den eigenen Körper –, und dies bewirkt in Verbindung mit einem erhöhten Pulsschlag, mit Stretching und kontrollierter Atemtechnik eine enorme Energiesteigerung sowie einen verbesserten Sauerstoffaustausch und Stoffwechsel.

Im Power-Yoga verändern Sie im Einklang mit einem bestimmten Atemmuster Ihre Körperposition und setzen somit viel Energie frei. Einige Stellungen werden mehrere Atemzüge lang unter Anspannung bestimmter Muskelpartien gehalten, das sind die «statischen Muskelkontraktionen». Durch das Aktivieren der «Bandhas» (deutsche Bezeichnung: «Energieschlüssel») kann der Energiefluss im Körper gezielt gelenkt werden. Die Bandhas sind Sperren, die durch Muskelanspannung entstehen. Indem bei den Übungen der Atem mit dem Bewegungsablauf synchronisiert wird, wird die Energie kontinuierlich gesteigert und der Körper nicht wie bei vielen anderen Sportarten überfordert oder einseitig belastet. Später werde ich detailliert auf die verschiedenen Methoden eingehen.

Von großer Bedeutung ist auch die durch das Workout entstehende «innere Hitze», denn durch sie wird das Training zu einer Entgiftungstherapie für den gesamten Körper. Die Hitze entsteht, indem die kontrollierte Atmung, die Bandhas, die fließenden Bewegungen und statische Muskelanspannungen koordiniert werden. Kraft, Konzentration und Ausdauer werden gesteigert, die Sauerstoff- und Blutzirkulation wird besser, die Nerven entspannen sich, aus Organen und Muskeln werden Gifte ausgeschieden und der Stoffwechsel wird angekurbelt. Diese positiven körperlichen Wirkungen haben auch auf mentaler Ebene ihre Entsprechung: Wer das Power-Workout regelmäßig praktiziert, kann klarer denken, ist gelassen und bleibt auch in stressigen Situationen souverän und cool.

Ein Alltags-Workout für jedes Bedürfnis

Trainingsvariationen von 5 bis 60 Minuten gewähren die unkomplizierte Integration des Power-Yoga-Programms in den Alltag, wodurch es ein ideales Training für Neueinsteiger wie für Spitzensportler ist. Die Dynamik und

Vielschichtigkeit des Power-Workouts ist unvergleichlich. Neben der enormen Energiesteigerung ist das Workout ein Trainingsprogramm zur Entspannung, Revitalisierung und Regeneration von Body & Soul!
Zu Beginn sollten Sie sich weder überstrapazieren noch den eigenen mentalen Begrenzungen in die Falle gehen («Das schaffe ich nie!») – sonst landet das Buch gleich wieder in der Ecke, und Sie haben sich die Chance Ihres Lebens verbaut, einen neuen Zugang zu Ihrer Energie zu bekommen, ein besseres Lebensgefühl zu entwickeln und Ihr Sexualleben zu verbessern.
Es spielt keine Rolle, ob Sie mehr Ruhe oder mehr Aktivität anstreben – Sie können beides erreichen, indem Sie das Training entsprechend steuern. Die Übungen sind außerdem ideal dazu geeignet, den Erfordernissen unserer Zeit Ausgeglichenheit und Power entgegenzusetzen. Sie ermöglichen es Ihnen, Ihre Kraft zu konzentrieren, sich selbst immer wieder mit neuer Energie aufzuladen und somit den Herausforderungen des täglichen Lebens stark und gelassen zu begegnen.

Mit fließenden Bewegungen Kraftquellen freisetzen

Die Übungen können jederzeit und überall gemacht werden. Sie brauchen weder Maschinen noch andere Hilfsmittel für das Power-Workout, sodass Sie absolut unabhängig sind. Dies ist sehr ungewöhnlich für eine solche umfassende Trainingsmethode und ein riesiger Vorteil. Power-Yoga erfordert auch keinerlei Vorkenntnisse oder besondere Elastizität. Das Alter spielt keine Rolle, und der Zeitaufwand kann flexibel und individuell gestaltet werden. Sie können immer und überall trainieren, so, wie es Ihnen passt!
Versuchen Sie es einfach. Erhöhen Sie mit dem Power-Yoga Ihr Wohlgefühl, Ihre innere Kraft und Ihre Ausstrahlung!

Dynamisch, effektiv, gesund

Die Wurzeln der Trainingsmethode liegen in Indien, wo Power-Yoga eine Funktion wie hier der Sport einnimmt. Diese «Ashtanga-Technik» – eine sehr dynamische Form des Yoga – wurde in Südindien vor allem durch Pattabhi Jois unterrichtet, der dort ein bekannter Lehrer ist. Ich habe aus seiner Übungspraxis meine eigene Version des Power-Yoga abgeleitet. Die neuartige, sehr aktive Ausführung der Yoga-Positionen ermöglichte es mir, ein derartiges Trainingsprogramm lustvoll, sportlich und interessant statt langweilig und eintönig zu empfinden. Kopf und Bauch stehen bei den Übungen ganz im Einklang, man freut sich auf das Training und vermisst es sofort, wenn es einmal ausfällt.

In gemeinsamen Projekten mit Gary Kraftsow, einem bekannten amerikanischen Yoga-Lehrer, verband ich Power-Yoga mit «Vini-Yoga» zu einem kompletten Trainingsprogramm. Vini-Yoga sieht die individuelle Anpassung der Trainingspraxis an die jeweilige Tagesform vor: Tut die Schulter weh, mache ich Übungen für die Schulter, möchte ich besonders fit und attraktiv für ein Date sein, konzentriere ich mich z. B. auf Rücken und Beckenboden sowie spezielle Atemtechniken. Dies halte ich für sinnvoller, als jedes Mal eine Übungssequenz stur auszuführen. Grundlage für diese Techniken ist das hier vorgestellte Programm.

Ich habe lange in Los Angeles unterrichtet, wo meine Seminare von bekannten «Größen» – Schauspielern, Medienmogulen, Business-Leuten usw. – aus Hollywood besucht wurden. Sie hätten sich ohne die energiesteigernde Wirkung meines Power-Workouts nie dem Yoga geöffnet – es passte nicht zu ihrem dynamischen Lebensstil, denn im klassischen Yoga verharrt man jeweils in einer bestimmten Körperhaltung und wechselt nur die statischen Positionen.

Das hat mir persönlich auch nie gefallen, doch aufgrund meiner Trainingserfahrungen wusste ich, wie wertvoll beim Yoga die Dehnübungen, die Atemtechnik und der Entspannungseffekt für die Gesundheit und das eigene Wohlgefühl sein können. Darum habe ich in meinem persönlichen Workout-Stil dynamische Übungen und Relax-Positionen verbunden.
Power-Yoga hat überhaupt nichts mit östlicher Religion zu tun, wie man es vielleicht von einigen anderen Yogaformen her kennt. Es ist vielmehr ein optimales, effizientes Energie-Management. Es führt meines Erachtens wie kein anderes Trainingsprogramm zu innerer Ausgeglichenheit und ist ein große Unterstützung für einen aktiven Lebensstil.
Dr. R. Calvo, der Präsident des «Texas-Center für Sportmedizin und Orthopädie» hat Asthanga bzw. Power-Yoga als das «vollständigste und ausgewogenste Körpertraining für die Entwicklung von Ausdauer, Stärke und Flexibilität» bezeichnet. Außerdem sei es ein «unübertroffenes therapeutisches Werkzeug für die Behandlung und Ausheilung von Sportunfällen».
Durch Power-Yoga erhält man tatsächlich nicht nur einen muskulösen Körper, sondern auch einen klaren Kopf und mehr Energie – genau das, was wir heute alle brauchen, um bewusst zu leben und uns den täglichen Anforderungen auf positive Weise zu stellen. Das Power-Workout baut inneren Stress und Druck ab und bringt die Energie wieder in Fluss.

Der Ursprung des Power-Yoga

Power-Yoga entstand in den 90er Jahren in Amerika. Mittlerweile ist es der Workout-Hit für Stars, Spitzensportler und viele andere geworden. Es besteht aus vielfältigen Übungsreihen, die in den USA von verschiedenen Lehrern wie Bryan Kest, Bender-Birch u. a. entwickelt wurden. Die neue Yoga-Form ist im indischen «Asthanga», verankert, was – aus dem Sanskrit übersetzt – so viel wie «Achtgliedriges Yoga» bedeutet.

Asthanga ist schon über 4000 Jahre alt. Es kam Ende der 70er Jahre in die USA und wurde dort von Pattabhi Jois unterrichtet, der als der «Vater» des modernen Asthanga-Yoga gilt. Jois unterrichtete bis vor kurzem in Mysore in Indien. In den 30er Jahren war er Schüler des berühmten Yoga-Meisters Krishnamacharya, der neue Ideen in das traditionelle Yoga integrierte.

Viele Power-Yoga-Lehrer waren ursprünglich Schüler von Jois und haben dann ihre eigenen Wege verfolgt. Manche von ihnen sind der Urform des Ashtanga treu geblieben, andere lösten sich davon und kreierten leichtere, weniger akrobatische Yoga-Variationen, die das klassische Programm verkürzen und somit einfacher erlernbar sind. Diese aktuellen, aus dem Ashtanga abgeleiteten Trainingsformen nennt man Power-Yoga. Obschon sich die einzelnen Positionen ähneln, liegen dem Power-Yoga keine einheitlichen Übungssequenzen zugrunde: Jeder Trainer hat sein individuelles Konzept.

Heute ist dieses Training nicht nur ein Geheimtyp in der Fitnessszene. Es ist ein Workout für alle geworden, die nach einem ganzheitlichen, effektiven Rundumprogramm gesucht haben, mit dem sie zugleich Kraft, Konzentration, Energie, Entspannung und Ausdauer fördern können.

Klassisches Yoga als Grundlage

Der Vollständigkeit halber möchte ich hier kurz die wesentlichen theoretischen Grundlagen des klassischen Yoga zusammenfassen. Daraus wird übrigens ersichtlich, warum Yoga bei uns im Westen häufig als religiöser oder spiritueller Weg eingeschätzt wird.

Yoga schöpft aus den «Veden», das sind die «heiligen Schriften» der indischen Kultur. Die daraus ableitbaren wichtigsten Aspekte und Ziele für die konkrete Yogapraxis lassen sich – modern formuliert – wie folgt zusammenfassen:

1. Mit sich selbst in Harmonie sein
2. Sich fokussieren und konzentrieren
3. Das eigene Potenzial realisieren
4. Aufmerksam sein und die Selbstwahrnehmung schärfen
5. Sich mit persönlichkeitsübergreifenden Zielen identifizieren

Das ursprüngliche Ashtanga-Yoga geht auf den bedeutenden Inder Patanjali (2. Jh. n. Chr.) zurück, der das «Yoga-Sutra» verfasste, worin die Beschreibung der acht Stufen enthalten ist. Dort werden Aussagen dazu gemacht, wie jeder Einzelne zur Verwirklichung seines Potenzials beitragen kann. Die acht Stufen beschreiben Verhaltensweisen, die positiv auf uns wirken, sich wechselseitig stützen und das eigene Selbst aufbauen und stärken. Diese Stufen beziehen sich auf:

1. Das eigene Verhalten gegenüber Menschen, Natur und Umwelt
2. Das Verhalten sich selbst gegenüber

3. Körperübungen, um Blockaden zu lösen und sich zu entspannen
4. Atemübungen zur Steigerung der Lebensenergie
5. Geistige Klarheit
6. Die absolute Konzentration des Geistes auf ein bestimmtes Objekt
7. Meditation bzw. das Verschmelzen des eigenen Denkens mit dem Objekt
8. Einswerden mit sich selbst und mit der dinglichen Umwelt

Auf diesem Weg zur Selbstfindung gibt es nach Patanjali Hindernisse, nämlich Krankheit, Trägheit, Neigung zu Zweifeln, Unruhe und Ungeduld, Resignation, Ablenkungen, Ignoranz und Selbstüberschätzung sowie die Unfähigkeit, einen neuen Schritt zu tun und das bisher Erreichte zu bewahren. Diese Hindernisse verursachen psychischen Leidensdruck und körperliches Unbehagen und schlagen sich als Unregelmäßigkeiten in der Atmung nieder, was sich wiederum als Belastung für Körper und Geist auswirkt.

Energie pur gegen Terminstress und Alltagshektik

Das Power-Workout ist ein exzellentes Werkzeug, um innere Energie verstehen zu lernen, sie zum Fließen zu bringen und zu steigern. Mit seiner Hilfe kann man die oben beschriebenen Hindernisse beseitigen. Power-Yoga schöpft aus den Erkenntnissen des Yoga und bietet ein komplexes und modernes Übungsprogramm für optimale ganzheitliche Fitness.

Die eigene Energie sinnvoll zu nutzen wird heute für den Einzelnen immer wichtiger. Um die Reize, die auf uns einstürmen, zu verarbeiten, positiv auf unsere Lebensumstände zu reagieren und mit uns und anderen kreativ umzugehen, benötigen wir eine Methode, die unsere Wachheit und Präsenz fördert. Wie können wir dies entwickeln – in einer Zeit überfüllter Terminplaner, unzähliger geschäftlicher Verabredungen und insgesamt stressiger Lebensorganisation, wo doch so oft dem Dringlichen statt dem Wesentlichen der Vorrang gegeben wird?

Diese überzogene Leistungsorientiertheit zieht sich auch wie ein roter Faden durch verschiedene Fitnessprogramme. Wir powern uns aus, statt neue Energie aufzutanken. Im Gegensatz dazu wird durch Power-Yoga der Körper als Turbo-Kraftquelle erlebt.

Als Personal Trainer musste ich mich immer wieder mit der Frage auseinander setzen, wie man Energie frei fließen lassen und auf körperlicher und mentaler Ebene Blockaden lösen kann. Für mich ist die Antwort klar: durch das Power-Workout! Es ist die beste Methode, Verspannungen zu lösen, das persönliche Energieniveau zu heben, den Körper als stark zu erfahren und optimale körperliche Fitness zu erreichen. Power-Yoga setzt das eigene Energiepotenzial frei und ist ein Weg zu Glück, Erfolg und sexueller Ekstase.

Anti-Aging – jung, sexy und vital

Wenn Energie frei fließen kann, ist ein phantastischer Zustand erreicht: Man fühlt sich jung, gesund und lebendig, ist konzentriert und hat das Gefühl, souverän und selbstbewusst aus seinen Kraftressourcen heraus zu handeln. Der eigene Körper wird ganz neu erlebt, gleichzeitig wird der persönliche Horizont erweitert. Man muss Power-Yoga nicht wochenlang trainieren, um solche Erfahrungen zu machen, sondern schon nach wenigen Übungsstunden lösen sich Energiestaus, und der Körper beginnt zu entgiften. Dies hat einen allgemein verjüngenden Effekt auf die Persönlichkeit. Man strahlt eine enorme Vitalität aus, hat eine magnetisierende Wirkung auf die Mitmenschen – vor allem die Frauen werden angetörnt!

Es ist beachtlich, über wie viel Energie Menschen verfügen, die regelmäßig mein Power-Workout praktizieren – sie wirken jugendlich, haben klare und ausdrucksstarke Augen, ihre Haltung ist aufrecht und selbstsicher. Zudem scheint aufgrund der größeren Gelassenheit die Frustrationstoleranz einfach höher zu sein als üblicherweise.

Wie ist es möglich, dass ein körperliches Training so umfassend auf den Menschen wirkt?

Heute weiß ich, dass der Atem ein wichtiges Instrument der emotionalen Steuerung und Regeneration ist – die Atmung ist vielleicht sogar der wichtigste Aspekt des Workouts. Erst durch die besondere Atemtechnik entfaltet sich die ganze Wirkung des Trainings. Pattabhi Jois glaubte sogar, dass die Übungen ohne diesen Aspekt bloße Gymnastik seien!

Oft genügt es schon, nur eine Sequenz zu üben und dabei intensiv zu atmen, um sich frischer und um Jahre jünger zu fühlen. Die Organe und Gefäße werden durch die Sauerstoffaufnahme und den angekurbelten Stoffwechsel regelrecht durchgeknetet, massiert und mit frischem Blut versorgt, die Nerven können Reize besser verarbeiten und die Wirbelsäule wird elastisch und die Muskeln stärker. Da die Energie besser durch den Körper fließt, werden wir körperlich und auch geistig fitter. Wir erfahren einen Energiekick und fühlen uns optimistisch und gelassen.

Das Workout ist insgesamt eine gute Prophylaxe gegen Alterungsprozesse. Es ist ohnehin falsch, zu glauben, dass Gelenkprobleme, Anfälligkeit für Infektionen oder Herzinfarkt und Kreislaufstörungen unvermeidbar mit zunehmendem Alter eintreten: Trennen Sie sich von derartigen Vorstellungen. Programmieren Sie sich lieber um, auf ein langes, gesundes und daher auch aufregendes Leben, denn Altern beginnt im Kopf. Wenn wir jetzt in unseren Körper investieren, werden wir auch später, in hohem Alter, noch unabhängig und gut gelaunt sein. Wenn Sie das Training mit einer gesunden Ernährung kombinieren, bleibt auch Ihr Immunsystem stark und über das Resultat können Sie sich freuen: Bis ins Alter werden Sie eine gute Figur haben, topfit sein, sexy und attraktiv.

Das Workout in den Alltag einbauen

Wenn Sie das Übungsprogramm skeptisch betrachten, sollten Sie nochmals über den Sinn des Trainings und über Ihre Prioritäten im Leben nachdenken. Welchen Stellenwert räumen Sie Ihrem Körper und Ihrem Geist

ein? Lassen Sie sich vom Termindruck und der Jagd nach Reichtum und Ansehen aus Ihrem ureigenen Gleichgewicht bringen? Erledigen Sie zuverlässig die dringlichen Angelegenheiten und vergessen darüber die wesentlichen, also die wichtigen persönlichen Dinge? Wenn dies so ist, dann überlegen Sie gut: Wollen Sie das wirklich? Was bringt Ihnen das alles?
Wäre es nicht eine gute Idee, jetzt anzufangen zu leben, statt den Fun ständig auf später zu verschieben!?
Ein weiterer Trainingskiller ist übertriebene Selbstkritik. Darum empfehle ich jedem, sich beim Training wertfrei zu beobachten – auf diese Weise werden Sie für die Botschaften des Körpers und Ihrer Gefühle offener. Vergleichen Sie sich nicht andauernd mit anderen «Supermännern», sondern kümmern Sie sich um Ihre eigenen Bedürfnisse. Vorurteile kosten nur Energie und kappen jeden konstruktiven Gedanken. Also hören Sie erst mal in sich hinein und finden Sie heraus, was Sie ganz persönlich brauchen. Dann werden das Training und die Zeit, die Sie mit sich selbst verbringen, plötzlich wertvoll, und die Unlust verschwindet wie von selbst.

Kraft und Energie durch Entschlackung

Beim Power-Yoga ist die Verbindung zwischen Bewegungsfluss und kontrollierter Atemtechnik ein enormer Energiespender, denn dabei wird Wärme erzeugt, die während des ganzen Übungsverlaufs im Körper zirkuliert, ihn entgiftet und somit therapeutisch wirkt. Schon im klassischen Ashtanga, aber auch in der ganzheitlich orientierten Medizin wird Entgiftung als Voraussetzung für körperliches und seelisches Gleichgewicht angesehen.
Denken wir darüber nach, wie vielen Umweltbelastungen wir ausgesetzt sind und welche belastenden Zusatz-

stoffe unsere Nahrungsmittel enthalten, dann erkennen wir deutlich, wie wichtig es ist, den Körper von schädlichen Schlacken zu befreien und ihn wieder in Balance zu bringen. Durch die Entgiftung werden Stress und körperliche Verspannungen abgebaut, Energie und Kraft werden freigesetzt, die Aufnahme von Mineralien und Vitaminen im Organismus gesichert und das Immunsystem aktiviert. Ohne genügend innere Wärme kann die für derartige Prozesse benötigte Energie nicht in Fluss gebracht werden.

Die Hitze macht das Bindegewebe geschmeidig, der Stoffwechsel wird angeregt und Muskeln und Organe werden von Giften gereinigt. Aus den Zellen werden verstärkt Schlacken abtransportiert, die Muskeln werden weicher, dehnbarer – und besser trainierbar. Dies schont die Gelenke, und der Trainingseffekt tritt schneller ein als beim normalen Training. Diese gesteigerte körperliche Kraft hat auch eine erhöhte geistige Entschlossenheit zur Folge. Die Kraft entsteht:

- Durch statische Muskelkontraktionen bzw. Anspannung von Muskeln in der Ruhestellung
- Durch das Stemmen des eigenen Körpers
- Durch die Vergrößerung des Lungenvolumens und der Ausdauer
- Durch die Stärkung der Muskulatur

Power-Yoga kann Sport- und Fitnessprogramme optimal ergänzen oder auch ersetzen: Es weicht Muskelverhärtungen auf und gleicht die unterschiedlichen Beanspruchungen des Körpers aus. Die Kraft, die im Power-Yoga aufgebaut wird, fördert die Elastizität, die ihrerseits die Übungskompetenz steigert. Die Wirkung des Power-Workouts lässt sich am besten mit einer Spirale beschreiben: Die Körperwärme führt zu Flexibilität, diese erhöht die Dehnbarkeit der Muskeln, wodurch die Kraft und die Elastizität wiederum größer werden. Jetzt kann diese Power in die Übungen einfließen und für mehr Wärme beim Trainieren sorgen …

Atmung – das Zentrum des Power-Yoga

Ohne Konzentration kommt es im Power-Yoga weder zur Erwärmung noch zum Fließen der Energie. Konzentration beinhaltet die aufmerksame Beobachtung der Körpervorgänge und eine verbesserte Selbstwahrnehmung. Konzentriertes Atmen entspannt, stimuliert das Nervensystem, beruhigt den Herzrhythmus, regt die Muskeltätigkeit an und hilft dem Geist, klarer zu werden.
Wir kennen den Stress, der entsteht, weil unser Tag oft lückenlos durchorganisiert ist – es ist nicht einfach, zur Ruhe zu kommen, zu sich selbst zu finden und das Leben zu genießen. Sind wir einmal halbwegs «terminfrei», können wir oft nicht abschalten, ständig gehen uns alle möglichen Gedanken durch den Kopf.
Aus der Meditation ist bekannt, dass man leichter unnötige Gedanken über Bord werfen und innerlich leer werden kann, wenn ein Wort oder ein Satz ständig wiederholt wird und sich der Geist darauf konzentrieren kann. Im Power-Yoga erfolgt diese Konzentration auf die entspannende Leere durch die Atmung und deren Sound.
Wenn Sie in den Ruhepositionen die entsprechenden Muskelpartien anspannen und die Bandhas aktivieren, um die innere Wärme aufrechtzuerhalten, dann wird der Übungsverlauf gleichmäßiger und die Konzentration auf den Atem besser. Regelmäßiges Training hilft, sich an die besondere Atemtechnik zu gewöhnen und deren Vorteile bald auch in trainingsunabhängigen Situationen genießen zu können.
Das Power-Yoga ist am wirkungsvollsten, wenn Atmung, Bewegung und Muskelanspannung perfekt zusammenspielen. Durch die verbesserte und vermehrte Sauerstoffaufnahme beim bewussten Atmen wird der Kopf klar. Sie

werden ruhig, sind dabei aber geistig wach. Es braucht ein wenig Geduld, bis sich die Wirkung der Atemtechnik einstellt. Zunächst ist es wichtig, die einzelnen Übungselemente richtig miteinander zu kombinieren.

Atmung und Bandhas

Bewusstes Atmen lenkt die Aufmerksamkeit auf den eigenen Körper, es regt die Sinne an und stimuliert die Körperfunktionen. Schon die alten Yogis wussten, dass unsere Atmung eine das rein Biologische überschreitende Bedeutung hat. Sie ist nicht nur für die Gesundheit wichtig, sondern verbindet uns mit jeder einzelnen Zelle in unserem Körper. Wenn wir unseren Atem wahrnehmen, erhöht sich unser Bewusstsein und wir können unser Potenzial entsprechend ausleben. Ein schwaches Bewusstsein macht uns anfällig für Ängste, Unruhe, Unzufriedenheit, Ärger, Wut und Verzweiflung, kurz: das ganze Auf und Ab der Emotionen! Wenn wir nur flach atmen, werden ganze Bereiche unseres Körpers schlecht mit Sauerstoff versorgt, zudem bilden sich energetische Blockaden. Tiefe Atmung macht dagegen den Kopf klar und versorgt auch Bauch und Unterleib mit mehr Energie.

Lebensenergie, die über die Atmung zu allen Bereichen unseres Körpers transportiert wird, ist für alle Lebensfunktionen entscheidend. Die richtige Atmung ist ein Weg, die Lebensenergie zu steuern und anzuregen. Am Ende finden Sie spezielle Atemübungen, mit denen Sie die Kanäle im Körper für die Lebensenergie öffnen können (siehe Seite 170 ff.).

Atemtechnik

Die Atemtechnik für das Workout wird «Ujjaii» genannt. Doch bevor wir uns dieser speziellen Technik zuwenden, sollten Sie sich mit Ihrem Atem vertraut machen. Atmen Sie dazu einmal tief in den Bauch ein und wieder aus.

Die Bauchdecke hebt und senkt sich dabei sichtbar. Halten Sie den Mund geschlossen und atmen Sie durch die Nase. Erst diese tiefe Atmung bringt uns mit unseren Emotionen in Kontakt.

Eine weitere Variante ist ebenfalls eine gute Vorbereitung auf die Power-Yoga-Atmung und unterstützt die Entgiftung des Körpers. Die Methode nennt man «aktives Ausatmen». Stoßen Sie dazu beim Ausatmen so viel Luft wie möglich aus dem Körper aus. Das Zwerchfell übt hierbei leichten Druck auf den unteren Brustkorbbereich aus, und die Luft strömt nach der anschließenden Muskelentspannung wie von selbst in die Lungen. Diese Atemtechnik stärkt das Zwerchfell.

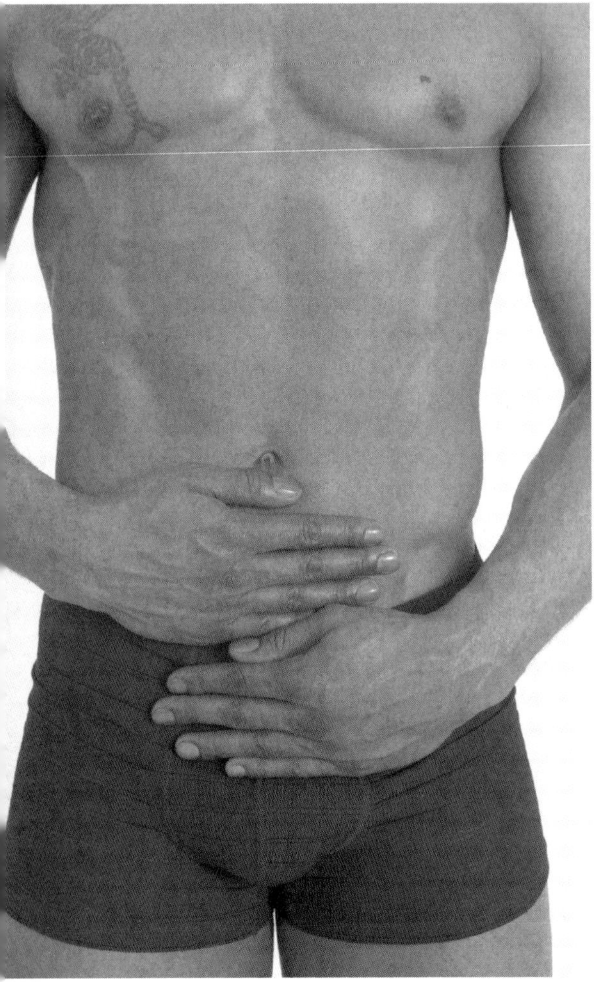

Atmen Sie beim Training ausschließlich durch die Nase, es soll keine Energie verloren gehen! Der hintere Rachenbereich zieht sich dabei minimal zusammen, als sei der Hals etwas verengt. Der Atem fließt deutlich hörbar über die Stimmbänder. Durch die Halsverengung spüren Sie den Atem intensiv, durch den entstehenden Ton können Sie Unregelmäßigkeiten wahrnehmen und direkt korrigieren. Das Geräusch, das bei dieser Atmung entsteht, erinnert an die Brandung des Ozeans und den Moment, wenn Wellen sich am Strand brechen.

Den Atem zu kontrollieren bedeutet, Kontrolle über den Geist zu gewinnen. Das Atemgeräusch ist ein Fixpunkt

für unsere Gedanken und schützt vor Ablenkung. Wenn der Kopf klar und der Geist ruhig ist, sind wir weniger anfällig für schlechte Laune, Stimmungsschwankungen oder Ähnliches.
Üben Sie das Atmen so lange, bis Sie Ihren natürlichen Rhythmus finden.

Bandhas und Atemkontrolle

Durch die Bandhas wird die Wirkung der Atmung beim Workout verstärkt. Bandhas, die im Deutschen auch Energieschlüssel genannt werden, sind Sperren, die durch Muskelanspannungen entstehen, Bandhas spielen im Power-Workout eine große Rolle, weil sie im Körper Wärme erzeugen und die Entgiftung unterstützen. Durch Atemübungen können die Giftstoffe und Schlacken im Körper leichter verbrennen. Die Energieschlüssel unterstützen diesen Vorgang. Mit diesen Sperren kann man den Atem dorthin lenken, wo Schlacken festsitzen, wodurch der Energiefluss kontrollierbar wird.
Wir nützen während des Workouts zwei Bandhas. Es braucht ein bisschen Zeit, bis man die Techniken beherrscht, aber das Resultat ist verblüffend und der Weg dahin lohnt sich. Probieren Sie die beiden Energieschlüssel so lange aus, bis Sie mit ihnen relativ gut vertraut sind.

Nabelschlüssel

Wenn die Muskeln unterhalb des Nabels zusammengezogen sind, während die Bauchmuskeln oberhalb des Nabels locker bleiben, spricht man vom Nabelschlüssel. Dazu ziehen Sie beim Ausatmen den Nabel kräftig in Richtung Wirbelsäule ein und hoch, dabei werden Zwerchfell und Unterbauch angehoben: Die Bauchmuskeln und das Zwerchfell stoßen aufeinander.

Beckenbodenschlüssel

Der Beckenbodenschlüssel wirkt in dem Bereich zwischen Nabel und Beckenboden. Dazu wird vor dem nächsten Atemzug die untere Beckenbodenmuskulatur bzw. die Dammmuskulatur – direkt hinter dem Hoden – leicht angespannt. Beim anschließenden Lösen entspannen sich Bauch und Zwerchfell wieder. Die Anspannung im unteren Beckenboden wird dagegen aufrechterhalten. Dies ist übrigens auch eine ausgezeichnete Übung, um die sexuelle Energie zu kontrollieren.

Klar werden und relaxen durch richtiges Atmen

Bei allen Atemtechniken spielen Zeit, Anzahl der Atemzüge und Konzentration eine Rolle, durch sie wird die Atmung gelenkt und zentriert. Im klassischen Yoga geht man davon aus, dass sich Verschlackungen unterhalb des Nabels im Bauch absetzen. Durch konzentriertes Atmen können die Schlacken verbrannt werden, wodurch auch der Kopf klarer wird.

Lebensenergie tanken bedeutet mehr als atmen. Diese Kraftquelle oder Energie existiert überall, in der uns umgebenden Atmosphäre und in allen Lebewesen. Die mit dem Atem einströmende Lebensenergie sollte möglichst gebündelt sein und in eine Richtung fließen. Wenn wir selbst entscheiden, wohin die Energie fließt, können wir sie dorthin lenken, wo sie gebraucht wird. Mit unseren speziellen Atemtechniken steuern wir den Atem so, dass sich durch ihn die Körperenergie steigert. Dadurch werden Körper und Geist entlastet und mit regenerierender Kraft aufgeladen.

Bei Atemtechniken, die im Power-Yoga angewendet werden, wird das Ausatmen betont: Die Luft wird beim Ausatmen bewusst aus dem Bauch gepresst, dabei strömt der Atem aus der Lunge aus. Die gesamte Luft

sollte nach draußen befördert werden, sodass der Körper optimal von Giften befreit wird.
Je nachdem, was durch die bewusste Atemtechnik erreicht werden soll, gibt es verschiedene Methoden.

- Die Ausatmung oder die Einatmung kann verlängert werden. Allerdings ist es ungünstig, den Atem nach der Einatmung zu lange anzuhalten.
- Die Pausen zwischen den Atemzügen können verlängert oder verkürzt werden.
- Aus- und Einatmung können auch gleich lang sein.

Diese verschiedenen Übungen können stehend, sitzend (am Boden oder auf einem Stuhl) oder liegend praktiziert werden. Achten Sie dabei auf eine gerade Wirbelsäule!
Anleitungen zu den Atemübungen finden Sie am Ende des Buches im Kapitel «Atemübungen».

Konzentration durch den Blick

Die Augen und die Blickrichtung sind im Power-Yoga ebenfalls wichtig: Ein wachsamer, fast starrer Blick erhöht die Konzentration. Suchen Sie sich beim Geradeausschauen einen Punkt, auf den Sie sich konzentrieren. Vermeiden Sie es, die Augen schnell und unruhig hin und her zu bewegen, fixieren Sie diesen Punkt. Während der Übungen folgt der Blick immer der Richtung des Kopfes.

Sex – anders, intensiver, besser

Power-Yoga wird oft als «Workout für Sexbesessene» bezeichnet. Ich bin der Meinung, dass jeder für sich entscheiden soll, in welcher Form er die Energie nutzen möchte, die dieses Training zweifellos freisetzt. Für den einen bedeutet das, mehr kreative Arbeit zu leisten, für den anderen mehr Fun und Sex oder noch anderes.

Wenn es um die Wirkung auf das Sexualleben geht, ist der Beckenbodenschlüssel entscheidend. Er trainiert insbesondere die untere Bauchmuskulatur und verbessert dadurch die Fähigkeit, die entsprechenden Muskelgruppen zu kontrollieren – seine Anwendung trägt insgesamt zur Stimulierung der inneren Organe bei. Die dann vermehrt fließende Energie und eine verbesserte Blutzirkulation verleihen mehr sexuelle Ausdauer und führen gegebenenfalls zu multiplen Orgasmen. Während der Erektionsphase wird durch die ohnehin vergrößerten Blutgefäße der Geschlechtsorgane noch mehr Blut als üblich geschleust. Das Ergebnis ist eindeutig fühlbar: Der Penis wird in der Regel noch härter, die Erektion dauert länger an, und die Lust wächst, da auch das Potenzial vorhanden ist, sie auszuleben.

Dies funktioniert vor allem dann, wenn die Atemtechnik bewusst (aus)geübt wird, weil davon der gesamte Organismus profitiert. Sobald das Power-Workout richtig praktiziert wird, die Atemtechnik relativ gut gelingt und die zwei Energieschlüssel beherrscht werden, schießt förmlich ein Energiestrahl an der Wirbelsäule entlang bis nach oben zum Scheitel: Man fühlt sich rundum wie elektrisiert und voller Power – es ist eine in jeder Hinsicht ekstatische, sexuelle Erfahrung! Manch einer hat den Eindruck, physisch zu expandieren, wie ein Energiekraftwerk zu strahlen oder auch zu explodieren …

Ich war selbst überrascht, als sich derartige Effekte schon nach relativ kurzer Übungszeit einstellten. Mein erotisches Lebensgefühl, meine sexuelle Anziehungskraft und meine Fähigkeit, länger zu lieben, als ich es früher je konnte, bestätigten mir, dass ich mit dem Workout den Zugang zu meiner Lebensenergie gefunden hatte und dass ich diese Energie jetzt auch beeinflussen konnte. Diese Erfahrung schließt nicht nur eine bessere Beziehung zur Partnerin und ein gestärktes Selbstwertgefühl mit ein, sondern auf subtiler Ebene auch mehr Respekt und Staunen vor der gewaltigen Lebensenergie, die in uns tobt wie ein kosmischer Wirbelsturm.

Wer am Ball bleibt und die ersten drei bis sechs Monate kontinuierlich übt, kann sich auf die ein oder andere Überraschung in Bezug auf ein «explosives» Lebensgefühl gefasst machen!

Wann, wo, wie oft muss man trainieren?

Bevor wir zu den eigentlichen Übungen kommen, gibt es noch einige grundsätzliche Dinge zu klären. Denn Sie sollten nicht wild drauflostrainieren, sondern sich vorher ein paar Gedanken machen. Überlegen Sie sich zum Beispiel, wann und wie oft Sie das Power-Workout praktizieren können bzw. möchten, um Ihren Trainingsplan entsprechend zu gestalten.

Übungszeiten

Zu welcher Tagezeit Sie üben, bleibt Ihnen überlassen. Suchen Sie sich die Zeit aus, die Ihnen am besten liegt – und die Sie vor allem auch konsequent durchhalten können.

Morgens

Direkt nach dem Aufstehen bzw. vor dem Frühstück ist ein guter Trainingszeitpunkt. Das Workout gibt Ihnen die Energie für den bevorstehenden Tag. Sie sind danach voller Tatendrang und gehen alles ganz gelassen an. Wer morgens noch nicht richtig fit ist, wird es jetzt entweder schnell oder trainiert besser zu einem anderen Zeitpunkt.

Mittags

In der Mittagspause können die Power-Exercises ausgleichend und erfrischend wirken. Suchen Sie sich einen Platz, wo Sie ungestört üben können. Schon eine kurze Sequenz wirkt ungeheuer vitalisierend! Vergessen Sie aber nicht, die anschließende Relax-Zeit von mindestens einer Minute einzuhalten.

Nachmittags oder abends

Am Nachmittag oder Abend kann das Workout Stress abbauen, den Organismus revitalisieren und die Konzentration wieder steigern. Dadurch wird auch nach stressigen Arbeitstagen die verbleibende Zeit für private Unternehmungen lebendiger und intensiver.

Trainingsplan

Den Zeitplan für das Power-Workout-Programm kann jeder nach seinen individuellen Bedürfnissen aufstellen, zur Anregung finden Sie hier einige Programmvorschläge. Versuchen Sie anfangs, insgesamt drei- bis viermal in der Woche zu trainieren. Optimal ist es, wenn Sie jeweils ca. 40 Minuten Zeit aufwenden, später können Sie dann je nach Bedarf häufiger oder seltener trainieren. Ich persönlich brauche heute nur noch zweimal die Woche 15 Minuten lang zu trainieren, um fit zu bleiben. Entscheiden Sie selbst, was sich für Sie gut anfühlt und zu Ihrem Alltag und Lebensgefühl passt. Wenn Sie die Atemtechnik und die Übungen beherrschen, können Sie auch mit Musik trainieren, sofern Ihre Konzentrationsfähigkeit nicht darunter leidet.
Durch ein bisschen Disziplin und Kontinuität werden beim Training die besten Ergebnisse erzielt. Wenn Sie am Ball bleiben, werden Sie nach einer Weile spüren, dass sich eine anfängliche Trainingsverpflichtung in den Wunsch verwandelt, endlich wieder üben zu können!

Die Elemente des Power-Workouts

Das komplette Power-Workout besteht aus folgenden Elementen:

- Sonnengruß (als Warm-up)
- Stehende Positionen
- Sitzende Positionen

- Liegende Positionen (Cool-Down)
- Schlusspositionen

Jedes dieser Elemente besteht aus mehreren Übungen bzw. Positionen, die zusammen eine Sequenz bilden. Eine Sequenz sollte möglichst komplett absolviert werden. Trainieren Sie die Sequenzen in der genannten Reihenfolge. Erst wenn Sie eine Sequenz gut beherrschen, sollten Sie zur nächsten übergehen.

Trainingskonzept I

Dauer

5 bis 10 Minuten.

Übungen

Das Warm-up 5- bis 10-mal hintereinander ausführen.

Vorteil

Das Warm-up ist ein komplettes, in sich abgeschlossenes Workout. Es entstehen keine Unausgewogenheiten. Der Körper ist erfrischt und wird elastischer.

Nachteil

Keiner.

Trainingskonzept II

Dauer

15 bis 20 Minuten.

Übungen

Das Warm-up 15- bis 20-mal hintereinander ausführen und dabei das Tempo variieren. Langsam beginnen.

Vorteil
Gesamtphysiologische Erfrischung, wirkt auf Körper und Geist. Sie bekommen mehr Ausdauer und Kraft.

Nachteil
Keiner.

Trainingskonzept III
Dauer
35 bis 40 Minuten.

Übungen
Das Warm-up 10-mal ausführen. Danach alle Standpositionen langsam, mit drei Atemzügen in den gehaltenen Positionen einnehmen. Dann zu den Schlusspositionen übergehen. Kurz liegen.

Vorteil
In einer guten halben Stunde sind Kraft und Ausdauer trainiert, der Energielevel steigt.

Nachteil
Sitzende und liegende, d. h. integrative, Positionen fehlen. Die Abkühlphase ist kurz, das Training bleibt unvollständig.

Trainingskonzept IV
Dauer
20 Minuten.

Übungen
Das Warm-up 7-mal ausführen. Anschließend zu den sitzenden Positionen übergehen. Danach die Schlusspositionen einnehmen. Kurz liegen.

Vorteil

Erfrischung, Ruhe, Elastizität.

Nachteil

Weniger Kraftaufbau und Stärke als beim kompletten Training.

Trainingskonzept V

Dauer

45 bis 60 Minuten.

Übungen

Das Warm-up 3- bis 5-mal ausführen. Anschließend die Standpositionen, die sitzenden und die liegenden Positionen absolvieren. Mit den Schlusspositionen enden. Kurz liegen.

Vorteil

Komplettes Training mit allen positiven Aspekten des Workouts.

Nachteil

Keiner.

Trainingskonzept VI

Dauer

Individuell verschieden.

Übung

Training mit einem Lehrer. Individuelle Sequenzen, die auf die spezifischen körperlichen, geistigen und seelischen Bedürfnisse zugeschnitten sind.

Vorteil

Personifiziertes Training. Spaß in der Gruppe.

Nachteil

Zeitaufwand ist wegen aushäusigen Trainierens relativ hoch.

Trainingskonzept VII

Dauer

Intensiv-Wochenende in der Gruppe mit einem Lehrer.

Übung

Power-Workout, Atemübungen, Meditationsschulung.

Vorteil

Persönliche und Gruppen-Intensiverfahrung, umfassende Entspannung.

Nachteil

Relativ hoher Zeitaufwand.

Bevor es losgeht

Beginnen Sie ganz locker mit dem Powertraining. Es ist besser, das Workout langsam zu erlernen und darauf zu achten, dass sich keine Fehler einschleichen. Bei gesundheitlichen Beschwerden sollten Sie ärztlichen Rat einholen, bevor Sie mit dem Training beginnen. Dies gilt vor allem in folgenden Fällen:

- Wenn Sie Operationen hinter sich haben
- Nach Krankheiten
- Bei Rückenverletzungen
- Bei Bluthochdruck

Ansonsten vertrauen Sie auf Ihr Gefühl und bleiben Sie mit dem Körper in Kontakt. Dann werden Sie sich nicht überfordern und selbst die richtige Übungsintensität herausfinden.

Power-Yoga – Aktivierung der Selbstheilungskräfte und Verfeinerung der Sinne

Im Folgenden habe ich die wichtigsten Trainingstipps für Sie zusammengestellt.

Trainingstipps

- Beginnen Sie langsam mit den Übungen. Nehmen Sie sich nicht zu viel vor, sondern gehen Sie mit dem Programm Stück für Stück weiter, bis Sie die einzelnen Übungsserien beherrschen und mit dem Atem koordinieren können.
- Weniger Ehrgeiz bringt mehr Spaß. Vergleichen Sie sich darum nicht mit anderen. Jeder hat sein eigenes Tempo, und das ist okay. Passen Sie die Übungen einfach Ihrem eigenen Rhythmus an, dann werden die größten Fortschritte erzielt.
- Üben Sie immer barfuß, damit die Zehen guten Halt haben und der Fuß die Unterlage spürt. Als Unterlage verwenden Sie am besten eine dünne Matte.
- Achten Sie auf die gleichmäßige Belastung der Füße und eine gerade Wirbelsäule.
- Der Übungsraum sollte eine angenehme Temperatur haben und gut gelüftet sein.
- Überanstrengen Sie sich nicht.
- Dehnen Sie die Muskeln nur so weit, wie es möglich ist.
- Besiegen Sie Ihren inneren Schweinehund und bleiben Sie am Ball.
- Das Tempo kann dann gesteigert werden, wenn Sie die einzelnen Übungssequenzen und die Details der Abläufe beherrschen. Finden Sie Ihren persönlichen Übungsrhythmus heraus. Je langsamer Sie die Übungen machen, desto schwieriger wird das Training, denn Sie benötigen für eine verlangsamte At-

mung viel Kraft. Wenn Sie sich austoben wollen, dann führen Sie die Übungen schneller durch. Passen Sie das Tempo einfach Ihrer jeweiligen Tagesform an.

- Das komplette Programm sollte erst dann absolviert werden, wenn alle einzelnen Übungen sitzen.
- Sie können sich die Übungen selbst beibringen, doch wenn Sie die Möglichkeit haben, sich von einem Trainer anleiten zu lassen, sollten Sie sie nutzen. Die Kontrolle durch einen Trainer verhindert, dass Sie sich falsche Bewegungen angewöhnen, und wenn es nötig ist, kann er Ihnen Hilfestellung geben.

Das 1 × 1 des Power-Yoga: klarer werden, loslassen und relaxt sein.

Das Übungs

programm

Den Körper aufwärmen

Energie und Power aufbauen:
stehende Power-Übungen

Ins Energiezentrum vorstoßen:
sitzende Power-Übungen

Liegende Positionen:
Warm-down

Schlusspositionen

Atemübungen und Meditation

Den Körper aufwärmen

Jedes ausgewogene Körpertraining beginnt mit einem Warm-up. Die dabei entstehende innere Wärme reicht bis in die Körperzellen hinein, vergrößert deren Volumen, sodass sie mehr Sauerstoff aufnehmen können, und intensiviert den Stoffwechsel. Ohne die Erwärmung des Körpers kann Energie nicht frei durch die Gelenke, Muskelfasern und Organe fließen. Auch Verspannungen lösen sich erst durch den freien Energiestrom im Körper. Durch ein moderates Warm-up beginnt die Energie zunächst langsam durch die Muskeln zu strömen. Sie werden nicht extrem beansprucht und die Verletzungsgefahr bleibt gering. Viele Sportverletzungen sind darauf zurückzuführen, dass die Muskeln belastet werden, ohne vorher aufgewärmt, also geschmeidig gemacht worden zu sein.

Eine klassische Warm-up-Übung ist der Sonnengruß. Es gibt zwei Varianten.

Warm-up: Sonnengruß A

Nutzen für Body & Soul

Das Warm-up erzeugt innere Wärme, so kann die volle Wirkung der Dehnungen in den einzelnen Positionen erzielt werden. Alle Körperpartien werden dabei angesprochen. Die Sequenz kräftigt den Körper und macht ihn elastisch, ohne muskuläre Unausgewogenheiten zu erzeugen. Sie spüren, wie flexibel Ihre Wirbelsäule sein kann. Der Rücken wird beweglicher, Verkrampfungen einzelner Muskelpartien lösen sich. Der Wechsel von Ruhe und Bewegung wird betont, da die Muskeln abwechselnd angespannt und entspannt werden. Sie werden schon jetzt ausgeglichener!

Die Sequenz im Überblick

Grundposition: Berg
1. Position: Lift
2. Position: Beindehnung
3. Position: Kopf
4. Position: Liegestütz
5. Position: Hund nach oben
6. Position: Hund nach unten
7. Position: Schritt
8. Position: Beindehnung
9. Position: Lift
Grundposition: Berg

Übungsdauer

11 Positionen; ca. 1 Minute

Wiederholungen

Mindestens drei. Die Wiederholungen können beliebig auf 15, 20 oder mehr Folgen ausgedehnt werden. Wer wenig Zeit hat, kann das Training nach dem Warm-up beenden, denn es ist ein komplettes, in sich abgeschlossenes Workout, das alle Muskelpartien anspricht.

Tipp

Die Sequenz beginnt und endet mit der Position «Berg». Wenn Sie sich erschöpft fühlen, nehmen Sie in dieser Haltung drei Atemzüge. Dabei halten Sie die Konzentration. Die Aufmerksamkeit bleibt während der ganzen Übung auf die Atmung gerichtet. Konzentrieren Sie sich auf die statischen Muskelkontraktionen, auf den Fluss der Bewegungen und darauf, dass die Bandhas aktiviert bleiben. Dadurch bleibt die erzeugte Hitze erhalten.

Grundposition: Berg

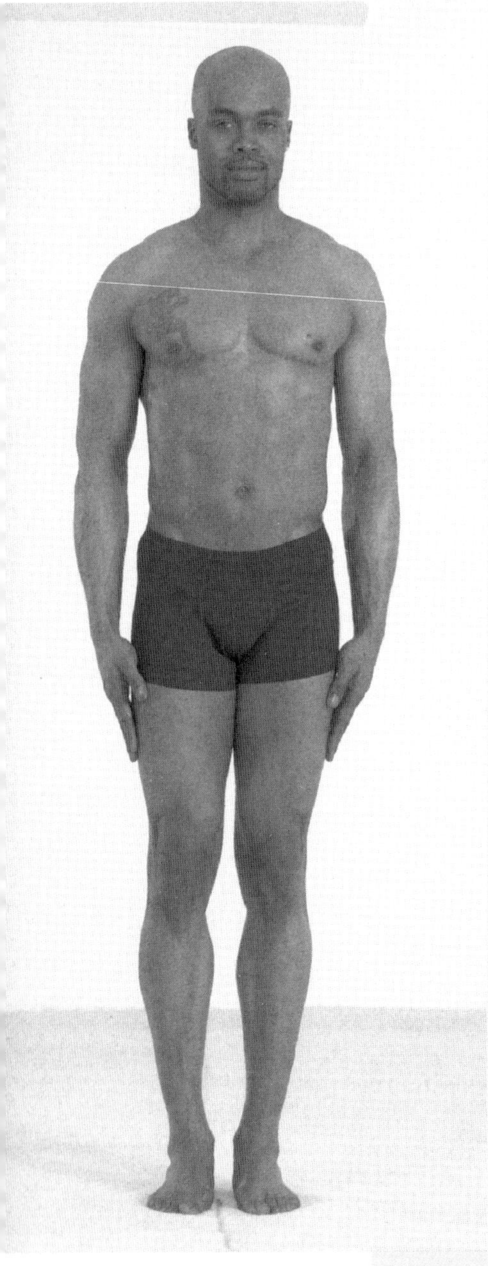

Das Stehen – der Berg – ist die Anfangs- und Endposition einer Sonnengruß-Sequenz, daher wird es hier einmal ausführlich beschrieben.

Der Körper nimmt die Haltung des bewussten Geradestehens ein. Dadurch werden Sie standfest und gewöhnen sich an eine aufrechte Haltung.

Stellen Sie sich vor, dass der Kopf mit dem Rücken und der Halswirbelsäule eine Gerade bildet.

Lassen Sie alles, was auf Ihnen lastet, einfach abfallen.

Die Füße sind nebeneinander gestellt, das Körpergewicht liegt – gleichmäßig verteilt – auf den Fußballen und auf der Ferse.

Die Füße verbinden Sie mit der Erde. Stellen Sie sich vor, wie die Kraft der Erde durch Ihre Füße in den Körper fließt.

Die Arme liegen locker auf den Oberschenkeln auf, die Fingerspitzen sind leicht gespannt.

Die Schultern sind entspannt, die Schulterblätter ein wenig aneinander gezogen. Dadurch weitet sich der Brustkorb, das Atemvolumen wird größer.

Die zwei Energieschlüssel sind angespannt.

Konzentrieren Sie sich auf die Atmung – atmen Sie nur durch die Nase.

Das Becken ist leicht nach vorn gekippt, das Kinn ein bisschen nach unten geneigt. Nacken und Rücken bilden eine Gerade.

Lassen Sie sich Zeit, machen Sie einige Atemzüge und konzentrieren Sie sich zu-

nächst einmal darauf, alle beschriebenen Komponenten der Übung zu berücksichtigen.
Machen Sie sich mit der Koordination von Atmung und Haltung vertraut.
Checken Sie Ihr Gleichgewichtsgefühl, um zu überprüfen, wann und wie Sie am besten fest auf dem Boden stehen. Achten Sie dabei auf die richtige Verteilung des Gewichts.

Die Füße verbinden mit der Kraft der Erde – Sie fühlen sich verwurzelt und gestärkt!

1. Position: Lift

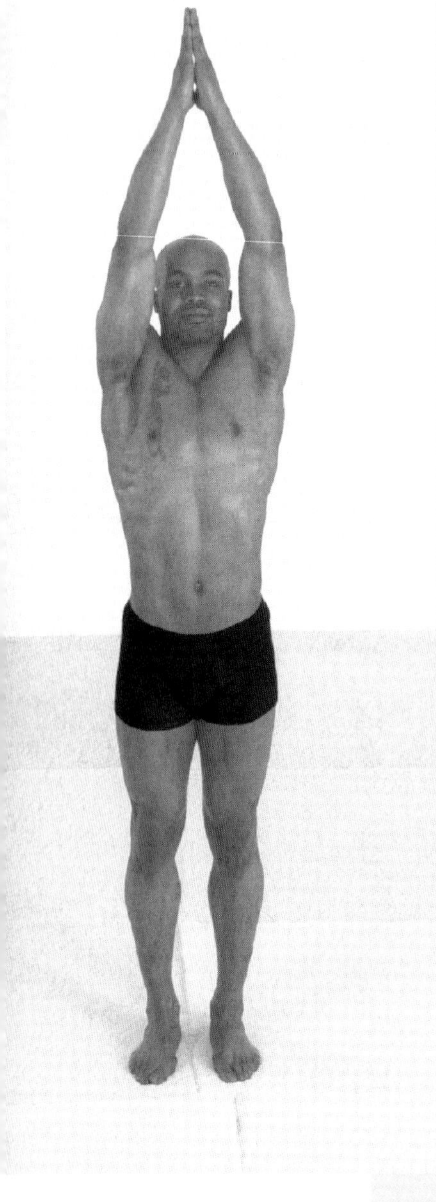

Einatmen.

Die Arme ausstrecken und nach oben führen, bis sich die Handflächen berühren.

Der Kopf liegt sanft im Nacken (nicht zu weit zurücklegen), der Blick geht nach oben.

Die Oberschenkelmuskeln sind angespannt (statische Muskelkontraktion), die Kniescheiben leicht hochgezogen.

Füße und Zehenspitzen liegen flach und entspannt auf dem Boden auf.

Halten Sie den Rücken gerade, spüren Sie die Streckung!

2. Position: Beindehnung

Ausatmen.
Die Arme bei durchgestreckten Beinen nach unten führen, bis die Handflächen auf dem Boden aufliegen (oder Arme so weit wie möglich nach unten strecken).
Der Kopf weist in Richtung Knie oder berührt die Knie, der Blick folgt der Ausrichtung des Kopfes.

Vorsicht

Bei Knie- und Rückenproblemen die Knie leicht anwinkeln.

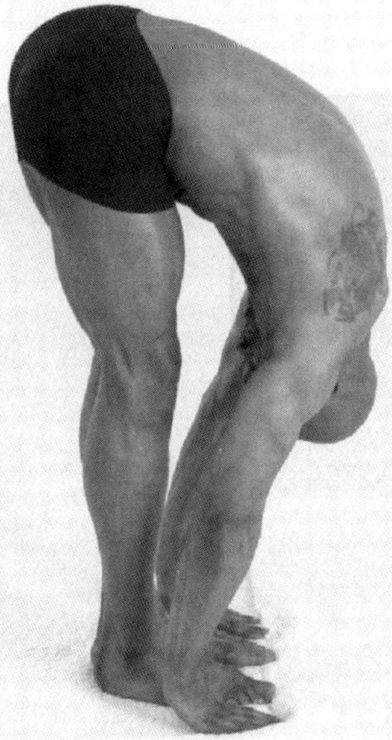

3. Position: Kopf

Einatmen.

Den Kopf heben und den Rücken strecken.

Die Knie bleiben gestreckt oder gebeugt, je nach persönlichem Vermögen.

4. Position: Liegestütz

Ausatmen.
Die Füße zurücksetzen oder zurückspringen und so in den Liegestütz gehen.
Den Oberkörper gestrafft halten.
Das Gesäß anspannen, das Becken nicht nachschwingen lassen!
Die Ellenbogen liegen am Oberkörper an.
Oberkörper, Po und Beine über dem Boden schweben lassen oder mit den Knien abstützen.
Nach vorne schauen.

Vorsicht

Bei Schulterschmerzen unbedingt darauf achten, den Körper nicht zwischen den Schulterblättern durchhängen zu lassen, wenn Sie in den Liegestütz gehen! Fehlt die Kraft für das Hochstemmen des Körpers, nutzen Sie die Knie als Stütze.

Nutzen für Body & Soul

Die Übung kräftigt den Oberkörper und stärkt die Arme.

5. Position: Hund nach oben

Einatmen.
Die Füße rollen über den Boden, bis die Fußsohlen nach oben zeigen.
Fußspitzen strecken.
Die Handflächen liegen am Boden auf.
Den Kopf leicht in den Nacken legen (nicht zu weit).
Das Gewicht ruht auf Händen und Füßen.
Oberkörper und Oberschenkel schweben über dem Boden.

Vorsicht

Bei Kreuzschmerzen legen Sie die Knie auf den Boden auf. Den Rücken nicht durchhängen lassen!

Nutzen für Body & Soul

Knie und Beine werden gestärkt.

6. Position: Hund nach unten

Ausatmen.
Die Fußspitzen nach vorne ziehen.
Den Po hochstrecken und die Füße in hüftbreitem Abstand aufstellen.
Die Handflächen gerade auf den Boden auflegen, die Finger spreizen.
Den Kopf entspannt hängen lassen, die Augen blicken in Richtung Knie.
Die Fersen liegen, wenn möglich, auf dem Boden auf.
Auf die Atmung achten. Die Bandhas sind aktiviert.
Fünfmal aus- und einatmen.

Vorsicht

Die Füße nicht nach innen drehen!

Nutzen für Body & Soul

Die Übung stärkt die Kniegelenke, die Schienbein- und Wadenmuskulatur. Beine und Knie bekommen den richtigen Halt!

7. Position: Schritt

Einatmen.
Füße vorne zwischen den Händen aufsetzen, die Zehen liegen möglichst aneinander – oder nach vorne springen. Den Kopf heben und den Rücken strecken. Die Knie sind durchgestreckt oder leicht gebeugt.

8. Position: Beindehnung

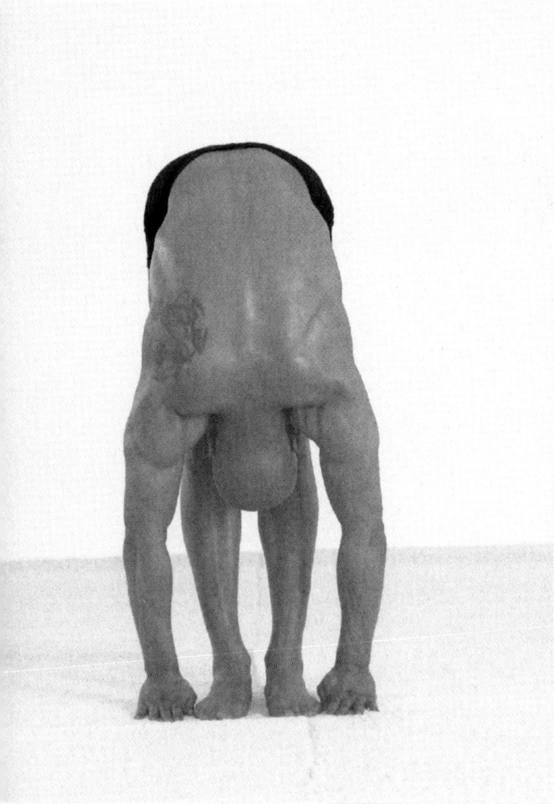

Ausatmen.
Den Oberkörper anwinkeln.
Den Kopf in Richtung Knie führen und so weit wie möglich bis an die Knie heranziehen.

9. Position: Lift

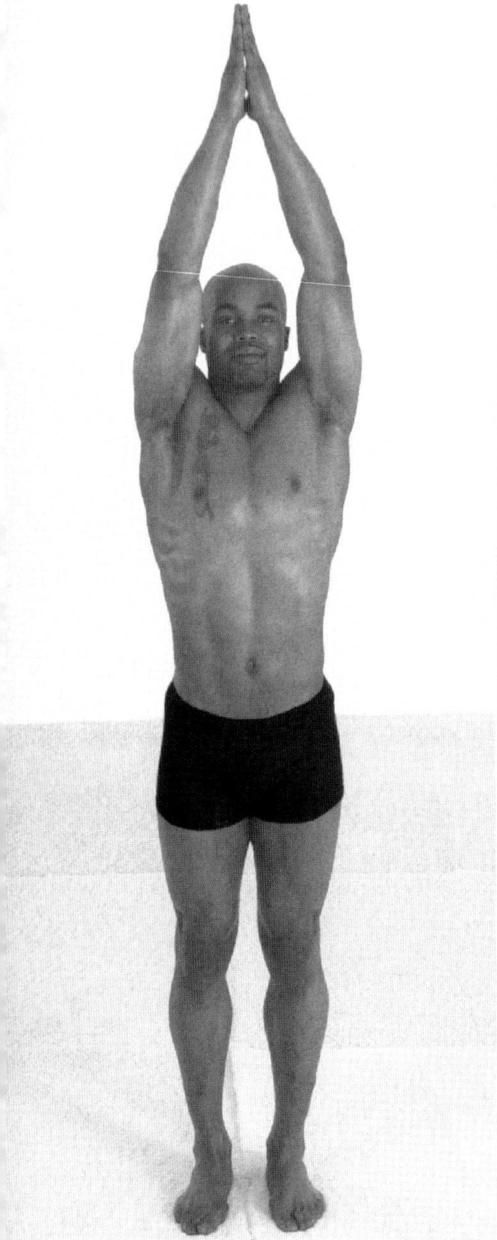

Einatmen.
Aufrichten.
Arme seitlich nach oben führen, bis sich die Handflächen über dem Kopf berühren.
Den Kopf hochheben.
Die Oberschenkel anspannen.
Den ganzen Körper nach oben dehnen.
Die Kraft schießt in die Arme und zu den Fingerspitzen.

Grundposition: Berg

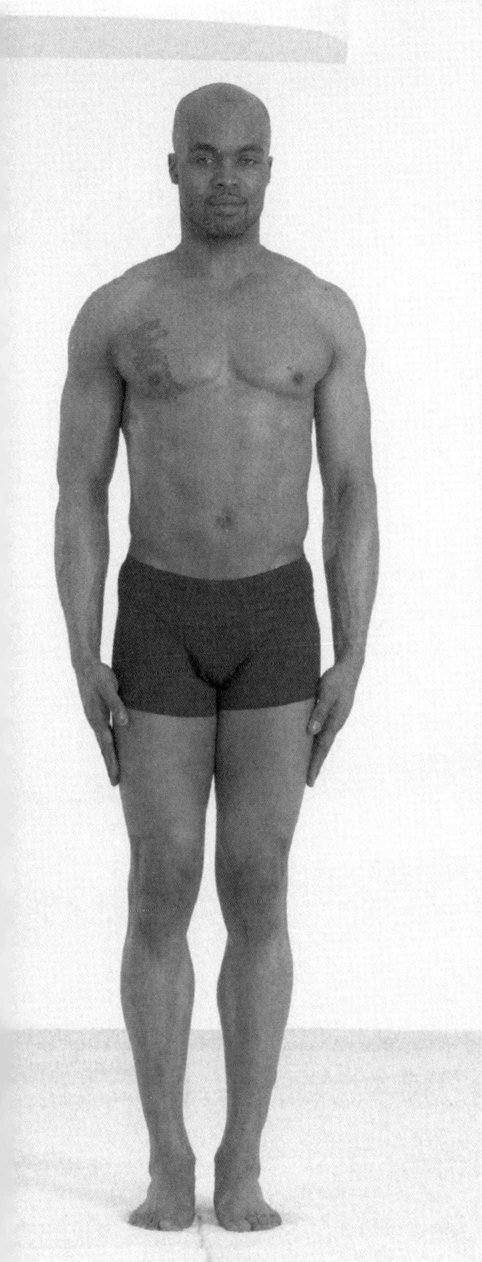

Ausatmen.
Zurück in die Berg-Position gehen.

Warm-up: Sonnengruß B

Nutzen für Body & Soul

Bei dieser Sonnengruß-Variante ist der Effekt auf den Körper noch intensiver als bei der ersten Sequenz. Dies gilt für Zentrierung, Erfrischung, Revitalisierung und Schutz vor Verletzungen durch langsames Warmwerden der Muskeln.

Die Sequenz im Überblick

Grundposition: Berg
1. Position: Körperdehnung
2. Position: Beindehnung
3. Position: Kopf
4. Position: Liegestütz
5. Position: Hund nach oben
6. Position: Hund nach unten
7. Position: Krieger, rechts
8. Position: Liegestütz
9. Position: Hund nach oben
10. Position: Hund nach unten
11. Position: Krieger, links
12. Position: Liegestütz
13. Position: Hund nach oben
14. Position: Hund nach unten
15. Position: Schritt
16. Position: Beindehnung
17. Position: Körperdehnung

Grundposition: Berg

Übungsdauer

19 Positionen; ca. 1,5 Minuten

Wiederholungen

Mindestens drei. Sie können die Wiederholungen beliebig steigern. Wer wenig Zeit hat, kann das Training nach dem Warm-up beenden, denn es ist ein komplettes, in sich abgeschlossenes Workout.

Tipp

Wiederholen Sie die Sequenz drei- bis fünfmal. Wenn Sie sich erschöpft fühlen, nehmen Sie zwischendurch in der Berg-Position drei Atemzüge – dabei die Konzentration halten! Die Aufmerksamkeit liegt auf dem Atmen, auf den statischen Muskelkontraktionen und den Bandhas. So bleibt die erzeugte Hitze erhalten.

Grundposition: Berg

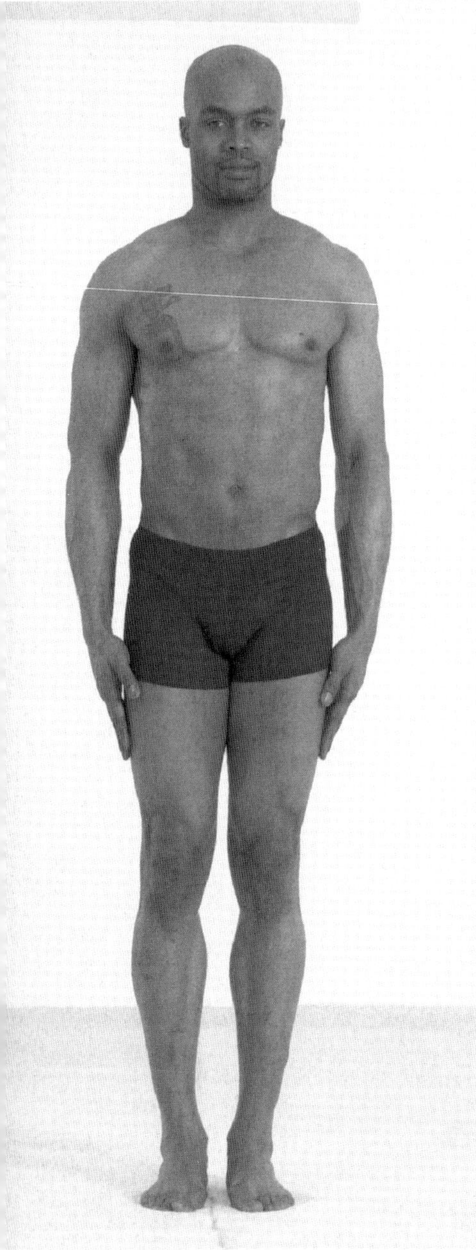

Nehmen Sie die Berg-Position ein.

1. Position: Körperdehnung

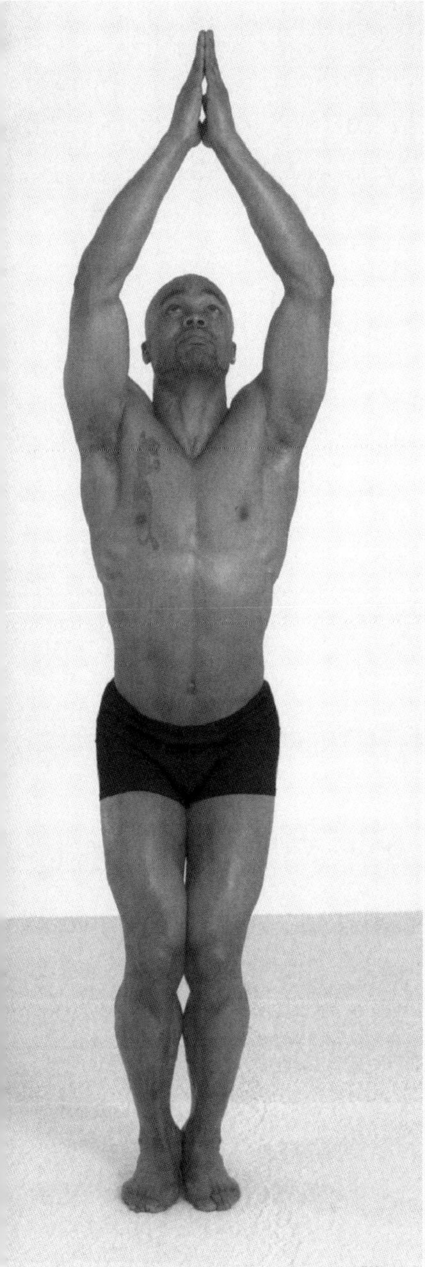

Einatmen.
Die Knie beugen, dabei die Arme ausstrecken und nach oben führen, bis sich die Handflächen berühren.
Der Kopf liegt sanft im Nacken (nicht zu weit zurücklegen), der Blick geht nach oben.
Die Oberschenkelmuskeln sind angespannt (statische Muskelkontraktion).
Füße und Zehenspitzen liegen flach und entspannt auf dem Boden auf.
Halten Sie den Rücken gerade und spüren Sie die Streckung!

Nutzen für Body & Soul

Durch die Haltung werden steife Schultern entspannt und die Gelenke gleichzeitig gestärkt.

2. Position: Beindehnung

Ausatmen.
Die Arme bei durchgestreckten Beinen nach unten führen, bis die Handflächen auf dem Boden aufliegen, oder die Arme so weit wie möglich nach unten strecken. Der Kopf weist in Richtung Knie oder berührt die Knie.

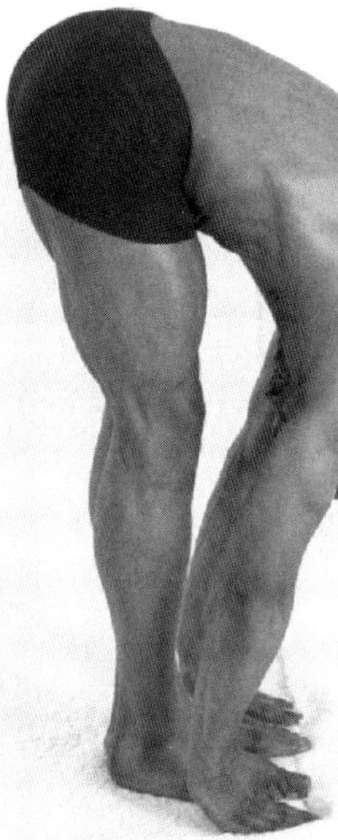

Vorsicht

Bei Knie- und Rückenproblemen die Knie leicht anwinkeln!

3. Position: Kopf

Einatmen.
Den Kopf heben und den Rücken strecken.
Die Knie bleiben gestreckt oder gebeugt, je nach persönlichem Vermögen.

Tipp

Bei schmerzenden Handgelenken können Sie ruhig langsam weiterüben. Bei steifen Beinen oder Rückenbeschwerden sollte das Gewicht beim «Hund nach unten» gleichmäßig auf den Händen und auf Füßen verteilt werden.

4. Position: Liegestütz

Ausatmen.
Die Füße zurücksetzen oder zurückspringen (nur für Geübte!) und so in den Liegestütz gehen.
Den Oberkörper gestrafft halten.
Das Gesäß anspannen, das Becken nicht nachschwingen lassen.
Die Ellenbogen liegen am Oberkörper an.
Oberkörper, Po und Beine über dem Boden schweben lassen oder sich mit den Knien abstützen.
Nach vorne schauen.

Vorsicht

Bei Schulterschmerzen unbedingt darauf achten, den Körper nicht zwischen den Schulterblättern durchhängen zu lassen! Fehlt die Kraft für das Hochstemmen des Körpers, nutzen Sie die Knie als Stütze.

Nutzen für Body & Soul

Die Übung kräftigt den Oberkörper und stärkt die Arme.

5. Position: Hund nach oben

Tipp

Wenn der Druck auf die Füße bei einer Position zu stark ist, beugen Sie die Knie leicht. Bei Fußschmerzen sollten die Füße täglich kurz durchgeknetet werden.

Einatmen.
Den Oberkörper hochstemmen, dabei den Brustkorb dehnen und so das «Herz öffnen».
Die Füße über den Boden rollen, bis die Fußsohlen nach oben zeigen. Die Fußspitzen strecken.
Die Handflächen liegen am Boden auf. Den Kopf leicht in den Nacken legen.
Das Gewicht ruht auf Händen und Füßen. Oberkörper und Oberschenkel schweben über dem Boden.

Vorsicht

Bei Kreuzschmerzen die Knie auf den Boden auflegen. Den Rücken nicht durchhängen lassen!

Nutzen für Body & Soul

Die Übung ist gut geeignet zur Knie- und Beinstärkung.

6. Position: Hund nach unten

Ausatmen.
Die Fußspitzen nach vorne ziehen.
Den Po hochstrecken und die Füße in hüftbreitem Abstand aufstellen.
Die Handflächen gerade auf den Boden auflegen und dabei die Finger spreizen.
Den Kopf entspannt hängen lassen, die Augen blicken in Richtung Knie.
Die Fersen liegen, wenn möglich, auf dem Boden auf.
Die Position halten und fünf Atemzüge nehmen.
Auf die Atmung achten. Die Bandhas sind aktiviert.

Vorsicht

Die Füße nicht nach innen drehen!

Nutzen für Body & Soul

Die Übung stärkt die Kniegelenke, die Schienbein- und Wadenmuskulatur. Beine und Knie bekommen den richtigen Halt.

7. Position: Krieger, rechts

Einatmen.
Die Kriegerpose einnehmen: Mit dem rechten Fuß nach vorne schreiten, das rechte Knie beugen.
Den linken Fuß schräg nach hinten stellen.
Den Körper aufrichten. Die Arme dabei ausgestreckt über dem Kopf zusammenführen, bis sich die Handflächen berühren.
Die Hüften parallel nach vorne schieben.
Kontinuierliches Atmen nicht vergessen!

Tipp

Bei steifen Hüften ist es etwas schwierig, die Kriegerposition einzunehmen. Verändern Sie notfalls die Schritttiefe und dehnen Sie nicht so weit nach unten.

Vorsicht

Das Knie muss richtig ausgerichtet sein: Positionieren Sie es über dem Fuß. Lassen Sie das Knie nicht nach innen kippen. Stellen Sie den hinteren Fuß fast im rechten Winkel zum vorderen, das schützt vor Verrenkung oder Überdehnung.

8. Position: Liegestütz

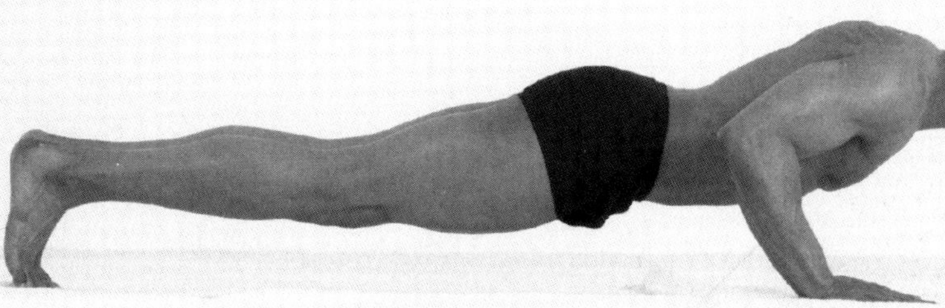

Ausatmen.
In den Liegestütz sinken.

9. Position: Hund nach oben

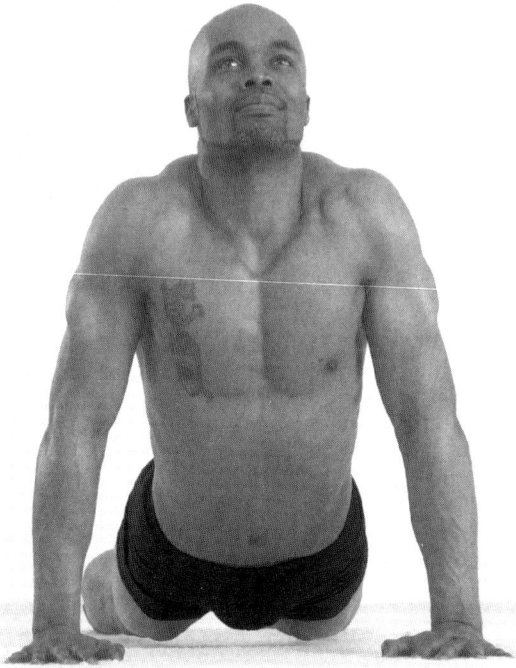

Einatmen.
Den Oberkörper hochstemmen, dabei den Brustkorb dehnen.
Die Füße über den Boden rollen, bis die Fußsohlen nach oben zeigen.
Die Fußspitzen sind gestreckt.
Dic Handflächen liegen auf dem Boden auf. Den Kopf leicht in den Nacken legen.

10. Position: Hund nach unten

Ausatmen.

Die Fußspitzen nach vorne ziehen.

Den Po hochstrecken, die Füße in hüftbreitem Abstand aufstellen.

Die Handflächen gerade auf den Boden auflegen, die Finger spreizen.

Den Kopf hängen lassen, in Richtung Knie schauen.

Die Fersen liegen, wenn möglich, auf dem Boden auf.

11. Position: Krieger, links

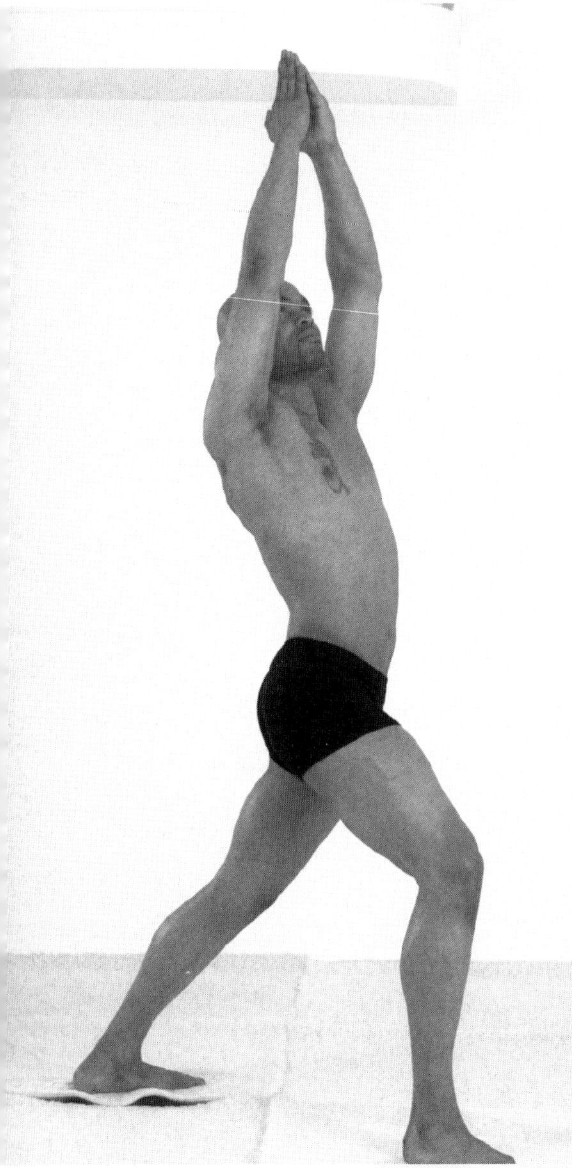

Einatmen.
Wieder die Kriegerpose einnehmen: Mit dem linken Fuß nach vorne schreiten, das Knie beugen.
Den rechten Fuß hinten schräg stellen.
Den Körper aufrichten. Die Arme hochstrecken und die Hände zusammenlegen.
Nach oben schauen.

12. Position: Liegestütz

Ausatmen.

Die Hände neben dem vorderen Fuß auf dem Boden auflegen.

Die Füße zurücksetzen (oder zurückspringen) und in den Liegestütz gehen.

13. Position: Hund nach oben

Einatmen.
Den Oberkörper hochstemmen, dabei den Brustkorb dehnen.
Die Füße über den Boden rollen, bis die Fußsohlen nach oben zeigen. Die Fußspitzen sind gestreckt.
Die Handflächen liegen auf dem Boden auf. Den Kopf leicht in den Nacken legen.

14. Position: Hund nach unten

Ausatmen.
Die Fußspitzen nach vorne ziehen.
Den Po hochstrecken, die Füße hüftbreit aufstellen.
Die Handflächen gerade auf den Boden auflegen, die Finger spreizen.
Den Kopf hängen lassen, in Richtung Knie schauen.
Fünfmal durchatmen.

15. Position: Schritt

Einatmen.
Nach vorne schreiten.
Die Füße zwischen die Hände stellen.

16. Position: Beindehnung

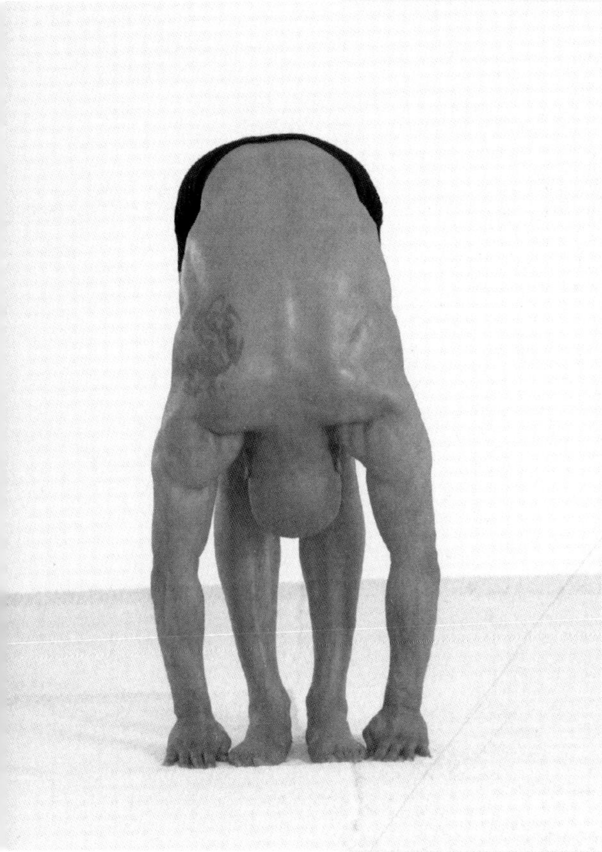

Ausatmen.
Den Kopf zu den Knien ziehen.

17. Position: Körperdehnung

Die Knie beugen.

Die Arme dabei seitlich nach oben führen.

Die Hände zusammenlegen.

Grundposition: Berg

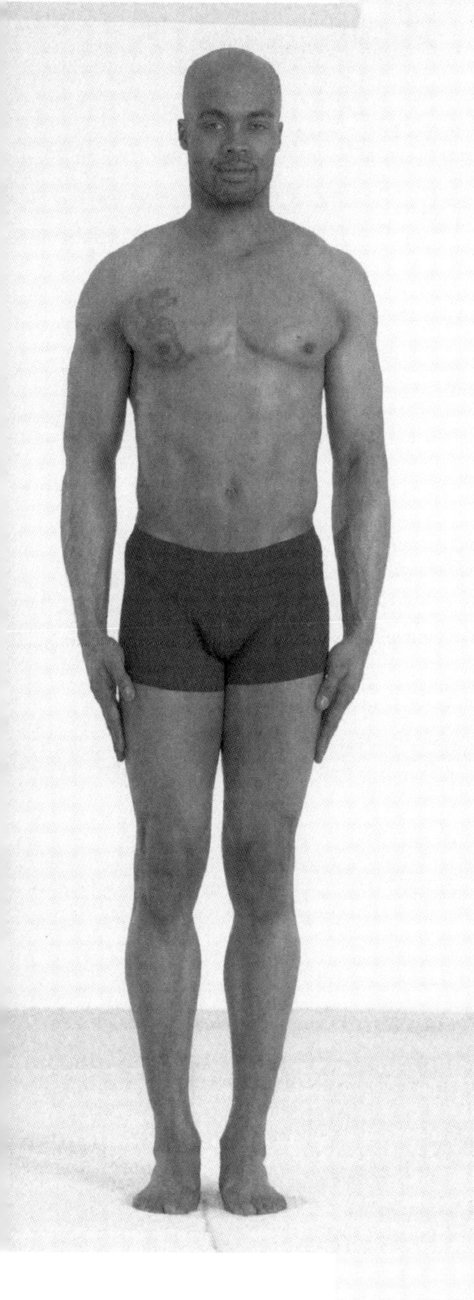

Ausatmen.
Zurück in die Berg-Position gehen.

Nutzen für Body & Soul

Wenn Sie über wenig Kraft verfügen, ist das Warm-up die ideale Form, Stärke aufzubauen! Durch die Verbindung der Körper-Übungen mit der Atmung wird auch die mentale Stärke geschult: Ohne Konzentration bleibt die nötige «Hitze» aus. Diese Körperhitze verleiht die nötige Flexibilität für alle weiteren Übungen des Power-Workouts.

Tipp

Sie sollten das Warm-up auswendig absolvieren können, bevor Sie mit dem Programm fortfahren.

Energie und Power aufbauen: stehende Power-Übungen

Die Übungen im Stehen zielen darauf ab, ein hohes Niveau an Energie und Vitalität zu erzeugen. Sie bieten einen Weg, auf dynamische Weise in Einklang mit sich selbst zu kommen, indem das Zusammenspiel von Rhythmus und Gleichgewicht betont wird.

Das Power-Workout beginnt erst richtig mit den stehenden Übungen. Sie sind besonders effizient und steigern die Hitzebildung. Wenn Sie in einer gehaltenen Position die Muskeln anspannen, spricht man von statischer Muskelkontraktion; durch sie wird Überdehnung vermieden und die Wärmeentwicklung intensiviert. Das gesamte Training wird effizienter, wenn die Muskeln während der Übungen angespannt bleiben. Der Körper wird dadurch noch elastischer und die Gelenke werden geschont!

Nutzen für Body & Soul

Die stehenden Power-Übungen steigern Kraft, Konzentration und Ausdauer. Die entstehende Hitze wirkt auf den Körper wie eine Entgiftungstherapie. Sauerstoffaufnahme und Durchblutung werden verbessert und die Muskulatur auf ausgewogene Weise gedehnt. Der Geist wird klarer, stärker und flexibel. Sie fühlen sich leicht und jung.

Die Sequenz im Überblick

Grundposition: Berg
1. Zehposition
2. Dreieck
3. Twist
4. Winkel
5. Gestreckte Beindehnung
6. Seitendehnung
7. Gestreckter Fuß
8. Baum
9. Offener Krieger
10. Vierfüßlerstand

Übungsdauer

11 Übungspositionen; die gesamte Sequenz dauert ca. 17 bis 20 Minuten, je nach Anzahl der Atemzüge in den gehaltenen Positionen

Grundposition: Berg

Einatmen.
Die Füße in geringem Anstand parallel zueinander stellen.
Die Wirbelsäule ist gerade, die Schultern sind entspannt, der Kopf ist leicht gesenkt.
Die Arme ausgestreckt seitlich nach oben führen, bis sich die Handflächen berühren.
Die Oberschenkelmuskeln sind angespannt, die Bandhas aktiviert.

Tipp

Oft achten wir beim Stehen nicht genug darauf, das Gewicht gleichmäßig auf die Beine zu verteilen, womit wir Fehlhaltungen begünstigen, die zu Wirbelsäulenschäden führen können. Achten Sie deshalb bei den Übungen im Stehen darauf, die Füße parallel zueinander zu stellen. So bleibt Ihr Gewicht in der Balance.

Achtung

Werden in der Berg-Position die Oberschenkelmuskeln angespannt, dann heben sich automatisch die Kniescheiben. Wenn Sie die Spannung halten, während Sie die Knie beugen, schützen Sie damit die Knie.

1. Zehposition

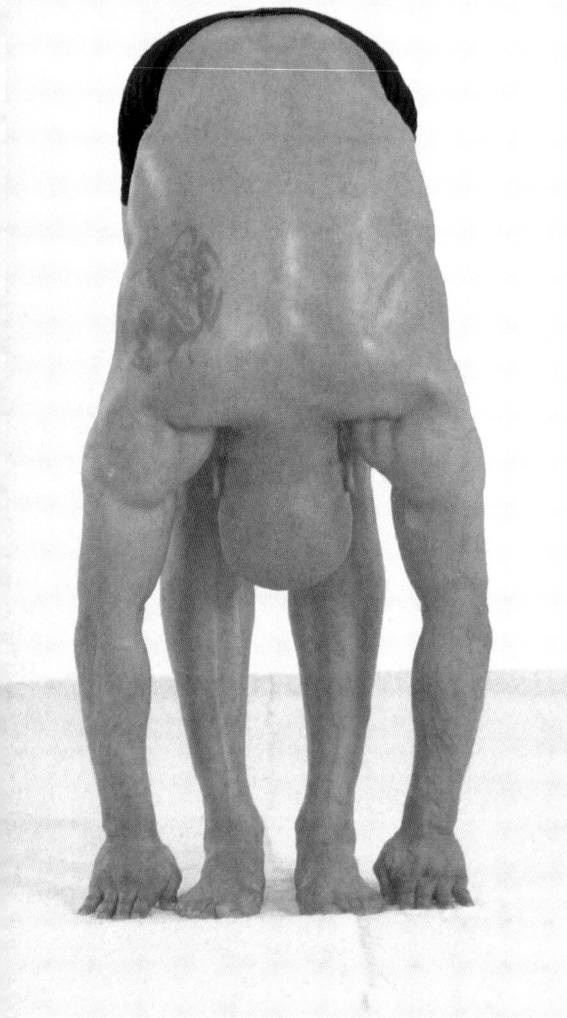

Ausatmen.

Nach vorne beugen und die Arme und den Kopf zu den Füßen strecken. Zeigefinger und Daumen umfassen die großen Zehen.

Den Oberkörper an die Oberschenkel heranziehen. Dabei die Oberschenkelstrecker anspannen, die Knie nicht durchdrücken.

Den Rücken beim Einatmen strecken, den Kopf heben und den Brustkorb leicht weiten, beim Ausatmen den Oberkörper wieder an die Oberschenkel ziehen.

Die Bandhas sind aktiviert.

Fünf Atemzüge lang in dieser Position verweilen.

Einatmen.

Aufrichten und die Arme dabei seitlich nach oben führen.

Ausatmen.

Gerade stehen.

Vorsicht

Bei Rücken- oder Knieproblemen sollten die Knie auf jeden Fall leicht gebeugt werden, bevor Sie mit dem Oberkörper nach unten gehen.

Nutzen für Body & Soul

Durch das Vorwärtsbeugen werden die Wirbelsäule, Nacken und Schultern gestreckt und elastisch. Außerdem werden die Unterleibsorgane gekräftigt. Wenn Sie beim Vorwärtsbeugen die Bandhas aktivieren, schützen Sie den Rücken vor Überdehnungen. Beugen Sie sich immer aus der Hüfte heraus nach vorn, lassen Sie dabei den Rücken gerade und achten Sie darauf, dass die Schultern unverkrampft sind!

Tipp

Halten Sie die Position statt fünf Atemzüge nur drei Atemzüge lang.

Tipp

Wenn Sie die Dehnung noch intensivieren möchten, legen Sie die Handflächen unter die Füße. Die Zehen stoßen sanft an die Handgelenke.

2. Dreieck

Einatmen.
Die Beine spreizen, die Füße stehen ca. 1 Meter weit auseinander.
Den rechten Fuß um 90 Grad nach außen drehen.
Den linken Fuß leicht nach innen anwinkeln.
Die Arme sind waagerecht zu den Seiten hin ausgestreckt.
Ausatmen.
Nach rechts beugen, bis der Daumen und der Zeigefinger die große Zehe umfassen.
Den rechten Oberschenkel anspannen und die Bandhas aktivieren.
Den linken Arm gerade nach oben strecken.
Der Kopf ist nach oben gerichtet, der Blick ruht auf der ausgestreckten Hand.
Einatmen.
Aufrichten, die Arme sind seitlich ausgestreckt.

Den linken Fuß um 90 Grad nach außen drehen, den rechten nach innen anwinkeln.
Ausatmen.
Position wie oben einnehmen.
Nach links unten beugen.
Fünf Atemzüge lang in dieser Position bleiben.
Einatmen.
Mit seitlich ausgestreckten Armen aufrichten.
Wieder die Ausgangsstellung einnehmen.

Tipp

Wenn die Wirbelsäule noch nicht sehr elastisch ist, können Sie mit der Hand auch nur den Knöchel umfassen. Versuchen Sie nicht mit Gewalt, die Zehen zu umfassen!

Nutzen für Body & Soul

Durch die Übung wird die Beinmuskulatur gefestigt. Knie, Beine und Hüften werden geschmeidig. Rücken- und Nackenbeschwerden werden deutlich gelindert und der Brustbereich gestärkt. Sie können dadurch größere Sauerstoffmengen aufnehmen und tiefer einatmen. Sie sind wach und präsent.

3. Twist

Ausatmen.
Den Rumpf drehen, die Arme gestreckt lassen.
Die linke Hand neben die Innen- oder Außenseite des rechten Fußes führen. Den Kopf nach oben drehen.
Der Blick ruht – wenn möglich – auf der Hand.
(Leichtere Variante: Die rechte Hand mittig vorne auf dem Boden auflegen. Den anderen Arm nach oben strecken. Hochschauen.)
Den Oberschenkel anspannen und die Bandhas aktivieren.
Die Knie bleiben durchgestreckt.
Fünf Atemzüge lang in dieser Haltung verharren.
Einatmen.
Vom Boden abstoßen und aufrichten.
Ausatmen.
Den Rumpf drehen, die Arme gestreckt lassen.
Die rechte Hand neben die Innen- oder Außenseite des linken Fußes führen.
Weiter wie in der Übung oben bzw. die leichte Variante wählen.
Fünf Atemzüge lang in der Haltung verweilen.

Nutzen für Body & Soul

Alle Dreiecks- und Twist-Positionen helfen, das Eigengewicht besser auf den Körper zu verteilen und seine Elastizität zu erhöhen. Durch die kreisende Rumpfbewegung werden die Wirbelsäule und die Bandscheiben flexibler. Durch das Zusammendrücken und Weiten des Brustkorbs vergrößert sich das Lungenvolumen. Der untere Rückenbereich wird besser durchblutet und die Hüftmuskulatur gestärkt. Der Unterkörper kann besser gespürt werden.

4. Winkel

Einatmen.
Die Füße parallel zueinander stellen, der Abstand sollte möglichst etwas über einen Meter betragen.
Die Arme sind zur Seite hin ausgestreckt.
Den rechten Fuß nach außen drehen und den linken Fuß nach innen.
Ausatmen.

Das rechte Knie beugen und nach unten gehen.
Die rechte Hand an die Außenseite des rechten Fußes legen.
Der linke Arm und das linke Bein sind ausgestreckt und bilden eine Gerade. Der Blick geht zur Hand hinauf.
Die Atmung nicht blockieren und die Bandhas aktivieren.
Fünf Atemzüge nehmen.
Einatmen.
Aufrichten, nach links wenden und die Füße parallel zueinander stellen.
Ausatmen.
Die Übung zur anderen Seite ausführen.
Wieder fünf Atemzüge nehmen.
Einatmen.
Aufrichten. Kopf und Füße weisen nach vorne.
Ausatmen.
Gerade stehen. Die Füße parallel zueinander stellen.

Tipp

Bauen Sie in die Übung eine Variante aus dem Viniyoga ein: Dazu bleiben Sie eine Weile in der Seitenstreckung und bewegen den Arm im Rhythmus der Atmung auf und ab, sodass er entweder schräg nach oben gestreckt ist oder den Oberschenkel berührt. Nehmen Sie sich Zeit (z. B. drei Atemzüge lang), in Stellen «hineinzuatmen», die Schmerzen bereiten. Die Bandhas bleiben aktiviert!

Nutzen für Body & Soul

Durch die Übung werden die Gelenke, Knie, Waden und Oberschenkel gestrafft und in Form gebracht. Das Fett um die Taille und Hüften wird reduziert, die Verdauung wird angeregt.

5. Gestreckte Beindehnung

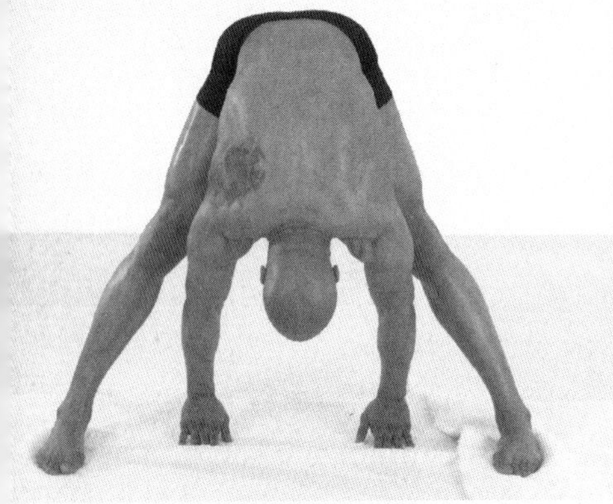

Einatmen.

Die Beine weit auseinander stellen, die Füße bleiben parallel zueinander.

Die Arme in die Hüften stemmen.

Den Kopf in den Nacken legen (nicht zu weit nach hinten beugen).

Die Schulterblätter nach hinten zusammenziehen.

Die Oberschenkel anspannen, die Bandhas sind aktiv.

Ausatmen.

Nach vorne strecken, bis die Hände den Boden berühren. Der Rücken bleibt gerade.

Den Rumpf nach vorne zwischen die Beine ziehen. Der Kopf befindet sich zwischen den Händen.

Die Oberschenkelmuskeln und die Bandhas bleiben aktiv.

Fünf Atemzüge lang in der Position verharren.

Einatmen.

Kopf und Brust heben.

Ausatmen.

Die Hände in die Hüften stemmen.

Einatmen.

Aufrichten und nach hinten beugen.

Die Schulterblätter wieder nach hinten zusammenziehen.

Den Kopf in den Nacken legen. Die Oberschenkel und Bandhas bleiben aktiviert.

Die Arme und Hände hinter dem Rücken verschränken. Schulter und Brustkorb dehnen sich.

Die Hände nach außen drehen.

Vermeiden Sie es, den Rücken zu krümmen.

Den Nacken nicht anheben, der Kopf hängt locker zwischen den Schultern.
Ausatmen.
Nach vorne kommen. Die Arme dabei nach oben dehnen.
Mit angespannten Oberschenkeln den Oberkörper nach unten zwischen die Beine ziehen.
Fünf Atemzüge lang in der Position verweilen.
Einatmen.
Wieder hochkommen.
Gerade stehen.

Tipp

Falls Sie Schwierigkeiten haben, das Gleichgewicht zu halten, sollten Sie beim Vornüberbeugen den Kopf nicht hängen lassen, sondern hochschauen und den Körper nicht so weit hinunterbeugen. Wenn die Hände den Boden nicht berühren können, legen Sie sie auf die Oberschenkel. Konzentrieren Sie sich auf den geraden Rücken.

Vorsicht

Die Knie sollten bei der Übung durchgedrückt bleiben, sodass Sie im Gleichgewicht sind. Ansonsten könnten Schwindelgefühle auftreten und Verspannungen in den Schultern entstehen. Legen Sie niemals den Kopf zu weit nach hinten in den Nacken, der untere Rückenbereich oder die Bandscheiben können dadurch zu sehr belastet werden.

Nutzen für Body & Soul

Durch die Übung wird die Oberschenkelmuskulatur gestärkt. Torso und Kopf werden gut durchblutet und die Verdauungsvorgänge werden angeregt, sodass die Entgiftung beschleunigt wird. Der Kopf wird klar und die Konzentrations- und Merkfähigkeit wird erhöht. Sie fühlen sich nicht mehr müde und umnebelt. Das Frischegefühl wirkt sich sofort positiv auf die Stimmung aus!

6. Seitendehnung

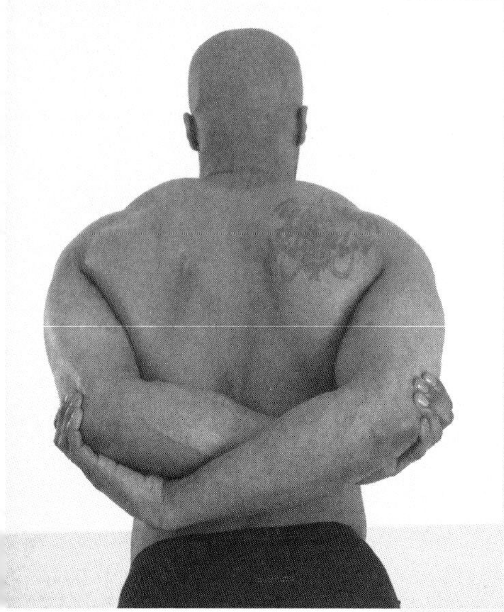

Einatmen.
Die Beine ca. 1 Meter spreizen.
Den rechten Fuß im rechten Winkel nach außen drehen, den linken nach innen stellen.
Ausatmen.
Am Rücken die Handflächen senkrecht aneinander legen oder die Unterarme verschränken und mit den Händen festhalten.
Das Becken und den Rumpf nach rechts drehen.
Einatmen.
Nach hinten dehnen und den Brustkorb weiten.
Ausatmen.
Nach vorne beugen. Das Kinn berührt – wenn möglich – das Knie. Auf die Füße schauen. Der Rücken bleibt gerade.
Die Bandhas sind aktiv.
Fünf Atemzüge lang in der Position bleiben.
Einatmen.
Aufrichten und leicht nach hinten dehnen.
Ausatmen.
Die Füße nach links drehen. Die Hüfte und der Rumpf bewegen sich mit.
Die Übung nun zur linken Seite ausführen.
Fünf Atemzüge lang in der Position verharren.
Einatmen.
Bis zur Mitte hochkommen, die Füße parallel zueinander stellen.
Ausatmen.
Gerade stehen.

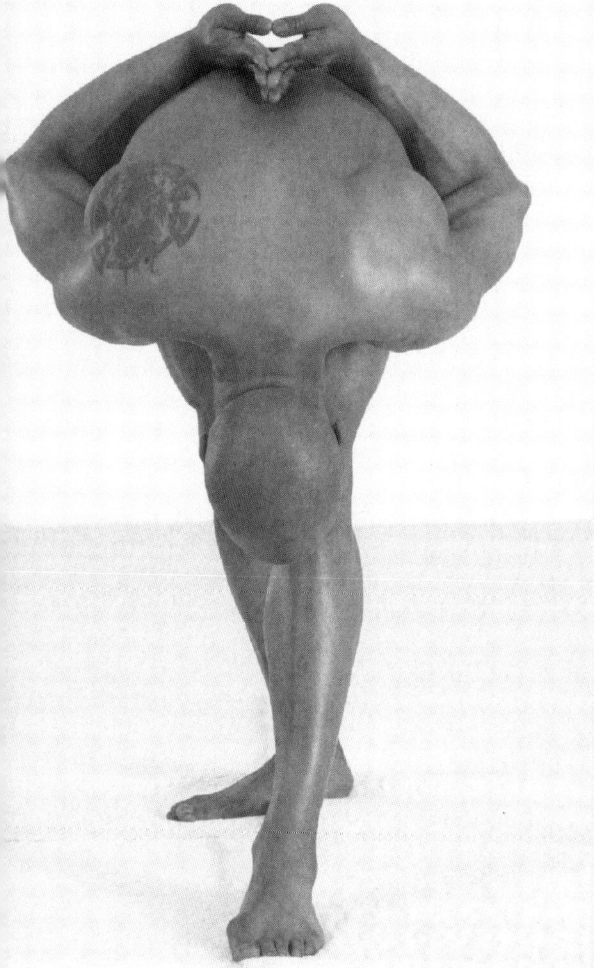

Vorsicht

Die Knie sollten bei der Übung durchgedrückt bleiben, sodass Sie im Gleichgewicht sind. Damit vermeiden Sie auch Verspannungen in den Schultern. Legen Sie den Kopf nicht zu weit nach hinten in den Nacken, denn dies belastet den unteren Rückenbereich oder die Bandscheiben.

Nutzen für Body & Soul

Beine und Hüften werden beweglicher und die Wirbelsäule elastischer. Wenn der Kopf auf dem Knie liegt, ziehen sich die Unterleibsorgane zusammen. Sie werden regelrecht durchgeknetet und gestärkt. Steife Handgelenke werden beweglicher. Durch die zurückgezogenen Schultern wird die Sauerstoffzirkulation in der Lunge verbessert. Eingefallene Schultern werden gehoben. Die Atmung wird jetzt Schritt für Schritt besser! Sie merken, wie der Stress von Ihnen abfällt und dass Sie empfindsamer werden. Die Sinne werden wacher. Die Haut wird gut durchblutet und sieht besser aus.

Tipp

Achten Sie darauf, den Rücken beim Vorwärtsbeugen nicht zu krümmen.

7. Gestreckter Fuß

Einatmen.
Das rechte Bein anwinkeln. Das Knie mit den Händen umfassen.
Die Wirbelsäule ist gerade, die Schultern sind nicht hochgezogen. Die Bandhas sind aktiviert.
Das Gleichgewicht halten!
Der Blick ist geradeaus gerichtet – suchen Sie einen Punkt, den Sie fixieren können.
Ausatmen.
Fünf Atemzüge nehmen.
Einatmen.
Die Schultern leicht nach hinten ziehen.
Die Zehen des angewinkelten Beines fassen.
Ausatmen.
Das Bein jetzt durchstrecken.
Weiter geradeaus schauen.
Einatmen.
Das Knie anwinkeln und wieder mit den Händen umfassen.
Ausatmen.
Die Position lösen und gerade stehen.
Einatmen.
Die Übung mit dem anderen Bein wiederholen.
Ausatmen.
Fünf Atemzüge nehmen.

Tipp
Anfangs empfiehlt es sich, nur zwei oder drei Atemzüge zu nehmen. Um einen besseren Stand zu erhalten, können Sie die Hände in die Hüften stützen.

Nutzen für Body & Soul

Der Gleichgewichtssinn wird durch die Übung erheblich verbessert, das Gewicht besser auf Beine und Füße verteilt. Der körperliche Nutzen findet auf seelischer Ebene seine Entsprechung: Sie werden ausgeglichen und die persönlichen Grenzen weiten sich.

8. Baum

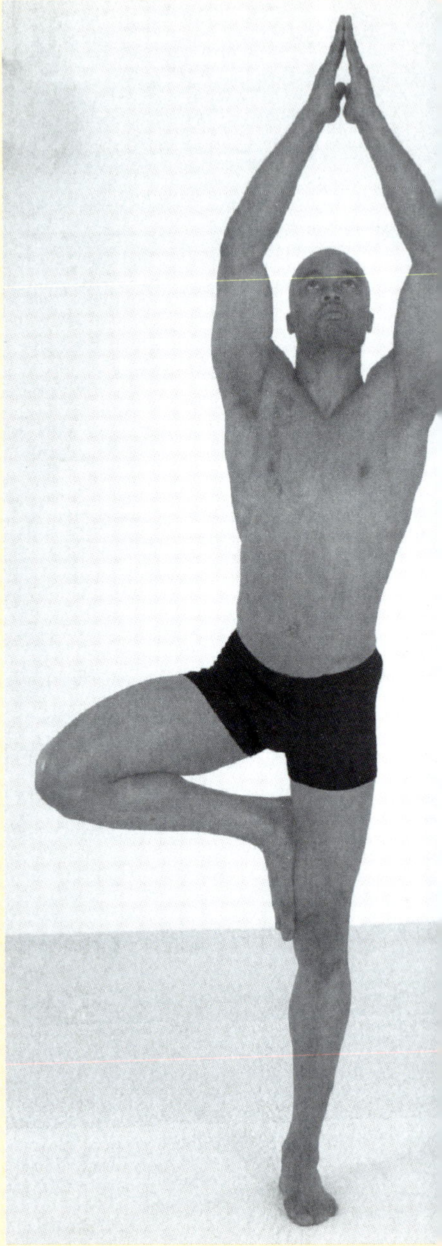

Einatmen.
Das rechte Bein anwinkeln und den Fuß an den linken Innenschenkel stellen.
Der Oberschenkel ist angespannt, die Bandhas sind aktiviert.
Die Hände nach oben führen und die Handflächen über dem Kopf aneinander legen.
Geradeaus schauen.
Drei Atemzüge nehmen.
Ausatmen.
Die Position lösen.
Einatmen.
Gerade stehen.
Ausatmen.
Geradeaus schauen.
Die Übung mit dem linken Bein wiederholen.

Erfrischende Zwischenposition

Diese dynamische Übung besteht aus Elementen des Warm-up:
Einatmen.
Die Knie beugen und die Arme nach oben strecken.
Ausatmen.
Den Körper aufrichten und nach vorne beugen, die Hände neben den Füßen auf dem Boden auflegen.
Einatmen.
Den Kopf heben und den Rücken strecken.
Ausatmen.
In den Liegestütz gehen oder springen.
Einatmen.
Die Position «Hund nach oben» einnehmen:
Den Oberkörper hochstemmen, dabei den Brustkorb dehnen.
Die Füße über den Boden rollen, bis die Fußsohlen nach oben zeigen. Die Fußspitzen sind gestreckt.
Die Handflächen liegen auf dem Boden auf. Den Kopf leicht in den Nacken legen.
Ausatmen.
Die Position «Hund nach unten» einnehmen:
Die Fußspitzen nach vorne ziehen.
Den Po hochstrecken, die Füße in hüftbreitem Abstand aufstellen.
Die Handflächen gerade auf den Boden auflegen, die Finger spreizen.
Den Kopf hängen lassen, in Richtung Knie schauen.
Die Fersen liegen, wenn möglich, auf dem Boden auf.
Einatmen.
Die Krieger-Position mit rechtem Bein vorne ausführen:
Mit dem rechten Fuß nach vorne schreiten, das rechte Knie beugen.
Den linken Fuß schräg nach hinten stellen.
Den Körper aufrichten. Die Arme dabei ausgestreckt

über dem Kopf zusammenführen, bis sich die Handflächen berühren.
Nach oben schauen.
Ausatmen.
Zur anderen Seite drehen, die Füße in Position bringen.
Einatmen.
Die Krieger-Position mit linkem Bein vorne ausführen:
Mit dem linken Fuß nach vorne schreiten, das Knie beugen.
Den rechten Fuß hinten schräg stellen.
Den Körper aufrichten. Die Arme dabei ausgestreckt über dem Kopf zusammenführen, bis sich die Handflächen berühren.
Nach oben schauen.
Ausatmen.
Zur Mitte kommen.
Nach vorne schauen und die Arme seitlich ausstrecken.

Nutzen für Body & Soul

Die Sequenz erfrischt den Körper und wirkt verjüngend. Die Lungen werden elastisch und die Nerven entlang der Wirbelsäule werden stimuliert. Müdigkeit verschwindet.

9. Offener Krieger

Einatmen.
Die Hüfte, der Kopf und der rechte Fuß drehen sich nach rechts außen.
Das rechte Bein anwinkeln, nach unten federn.
Der Rumpf bleibt nach vorne gerichtet. Der Blick ruht auf der ausgestreckten Hand.
In dieser Position fünf Atemzüge nehmen.
Einatmen.
Das rechte Bein strecken und sich auf diese Weise hochdrücken.
Die Bandhas aktivieren.
Die Füße nun zur anderen Seite drehen.
Ausatmen.

Das linke Bein anwinkeln und nach unten federn.
Die Krieger-Position zur linken Seite einnehmen.
Der Blick ruht auf dem ausgestreckten linken Arm.
In der Position verharren und fünf Atemzüge nehmen.
Einatmen.
Das linke Bein strecken und sich auf diese Weise hochdrücken.
Zur Mitte kommen.
Die Bandhas aktivieren.
Ausatmen.
Die rechte Krieger-Position einnehmen, dann mit Körper und Knie fließend weiter nach unten gehen.
Die Hände in Hüftbreite voneinander entfernt neben dem rechten Fuß auf dem Boden auflegen.
Der Fuß des gestreckten linken Beines liegt nur noch auf den Zehenspitzen auf.

Nutzen für Body & Soul

Da der Brustkorb in beiden Haltungen geweitet ist, wird die Tiefenatmung weiter intensiviert. Schultern- und Nackenverspannungen lassen nach. Die Fußgelenke und Knie werden gestärkt, Wadenkrämpfe lösen sich. Fettpolster auf den Hüften können reduziert werden. Durch den Abbau von Energieblockaden im Schulter-Nacken-Bereich verringert sich die Anfälligkeit für Kopfschmerzen.

10. Vierfüßlerstand

Einatmen.
Das rechte Bein nach hinten schieben, bis die Fußsohlen nach oben weisen.
Beide Unterschenkel befinden sich auf dem Boden, das Gewicht liegt auf den Händen.
Den Kopf leicht in den Nacken legen.
Die Wirbelsäule einsinken lassen, sodass ein Hohlkreuz entsteht.
Den Po nach oben ziehen, die Schultern gerade halten.
Die Bandhas sind gelöst.
Ausatmen.
Die Wirbelsäule langsam strecken und einen Katzenbuckel machen.
Dehnen Sie sich in den Buckel hinein, bis der Rücken rund wird.
Die Bandhas aktivieren.
Den Kopf hängen lassen.
Einatmen.
Den Rücken entspannen.
Ausatmen.
Auf die Unterschenkel setzen, die Arme nach vorne strecken. Den Körper dehnen.
Die Bandhas lösen.
Fünf Atemzüge lang in der Haltung verweilen.
Einatmen.
In den Vierfüßlerstand gehen.
Ausatmen.
Ein Bein nach dem anderen nach vorne führen, bis beide Beine auf dem Boden aufliegen und Sie sitzen.
Für Könner: Die Hände seitlich auf den Boden stützen. Durch die Mitte zwischen den Armen nach vorne durchschwingen. Zum Sitzen kommen.

Tipp

Machen Sie im Büro während einer Pause einmal nur die Vierfüßler-Übung – Sie werden über die wohltuende Wirkung staunen und den ganzen Tag davon profitieren.

Tipp

Wenn Sie das Programm während der stehenden Übungen unterbrechen möchten, gehen Sie zum Abschluss in die drei Schlusspositionen («Schneidersitz», «Ruhig sitzen», «Feueratem»; siehe Seite 164). Danach kann das Training beendet werden. Hören Sie niemals einfach mitten im Programm auf, da sich sonst leicht ein Gefühl von Unausgeglichenheit einstellt.

Nutzen für Body & Soul

Der Vierfüßlerstand ist die beste Therapie gegen Rückenschmerzen!

Tipp

Sie sollten die stehenden Positionen so lange üben, bis Sie die Sequenz auswendig absolvieren können, und erst dann mit dem Programm – mit den sitzenden Übungen – fortfahren.

Ins Energiezentrum vorstoßen: sitzende Power-Exercises

Durch die Übungen am Boden fließt die Energie freier durch den Körper, wir werden fit, sensibel und ausgeglichen. Indem wir ruhiger werden, können wir eine harmonische Beziehung zu uns und der Welt um uns aufbauen. Alle unsere Aktivitäten und Bemühungen werden dann viel gelassener und freundlicher. Es fällt uns leichter, unsere Grenzen zu akzeptieren und mit ihnen zu arbeiten.

Durch die sitzenden Exercises werden Bewegung und Atmung noch besser synchronisiert und die Konzentration gesteigert. Die dadurch entstehende Selbstzentrierung unterstreicht die positive Ausstrahlung und Präsenz.

Die sitzenden Übungen sollten nur nach dem Sonnengruß und den stehenden Übungen absolviert werden, damit der Körper entsprechend vorbereitet ist.

Tipp

Es ist zu empfehlen, vor den sitzenden Übungen ein Warm-up und die stehenden Übungen zu absolvieren. Die stehenden Übungen bauen die Power auf, durch die sitzenden Positionen kommen Sie in Ihre Mitte.

Nutzen für Body & Soul

Durch die Übungen am Boden werden die inneren Organe massiert und energetisiert. Der Rücken wird gestärkt, das Becken besser durchblutet und Beschwerden im Urogenitalbereich gemildert. Wir fühlen uns erfrischt, unser Denken wird klarer, emotionale Verstimmungen und Lethargie verflüchtigen sich.

Die Sequenz im Überblick

Grundposition: Sitzen

1. Vorwärtsbeuge
2. Rückwärtsbeuge
3. Halber Schneidersitz
4. Seitendehnung
5. Angewinkeltes Bein
6. Boot
7. Mönch
8. Gehaltener Winkel
9. Sitzender Winkel

Übungsdauer

10 Positionen; die gesamte Sequenz dauert etwa 15 bis 25 Minuten, je nach Anzahl der Atemzüge

Grundposition: Sitzen

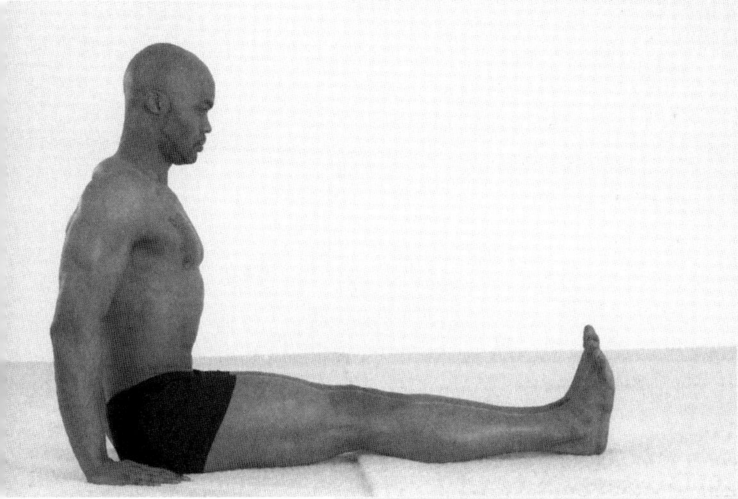

Einatmen.
Die Beine strecken.
Ausatmen.
Die Zehen zum Körper hin hochziehen.
Die Wirbelsäule ist gerade, der Kopf leicht nach unten gebeugt.
Die Schultern sind gerade und ein wenig nach hinten angezogen, sodass sich der Brustkorb weitet.
Die Hände liegen neben dem Becken auf dem Boden auf. Die Bandhas sind aktiviert, die Oberschenkel angespannt.
Fünf Atemzüge lang in der Position bleiben.

1. Vorwärtsbeuge

Einatmen.
Die Arme nach oben strecken.
Ausatmen.
Den Körper nach vorne beugen.
Mit Daumen und Zeigefinger die Zehen greifen.
Der Rücken bleibt gestreckt, der Kopf wird leicht in den Nacken gelegt. Der Blick geht nach oben.
Die Bandhas aktivieren, die Beinmuskeln anspannen.

Atmen nicht vergessen!
Ausatmen.
Die Ellenbogen anwinkeln. Sich an den Oberarmen nach unten ziehen.
Das Kinn so nah wie möglich auf die Knie führen, dabei den Rücken gerade halten.
Die Bandhas sind aktiv, die Oberschenkelmuskeln angespannt.
Zu den Zehen schauen.
Fünf Atemzüge lang in der Position verweilen.
Einatmen.
Zum Sitzen hochkommen.
Ausatmen.
Die Handflächen seitlich neben dem Gesäß auf den Boden auflegen.

Tipp

Legen Sie die Hände an die Knöchel, wenn Sie die Zehen nicht erreichen können.
Achten Sie auf einen geraden Rücken!

Nutzen für Body & Soul

Der bekannte Yogi und Lehrer B. Iyengar hat die Wirkungen der Vorwärtsbeugen im Sitzen besonders hervorgehoben und sie so begründet: Bei Tieren liegt die Wirbelsäule von der Erde aus gesehen horizontal, das Herz befindet sich unter ihr. Das gibt den Tieren große Ausdauer. Beim Menschen dagegen verläuft die Wirbelsäule vertikal und das Herz ist vor ihr positioniert. Das hat zur Folge, dass wir schneller müde werden und anfälliger für Herzerkrankungen sind. Beim Vorwärtsbeugen wird die Wirbelsäule in eine horizontale Lage gebracht. Wenn wir eine Weile in horizontaler Lage bleiben, werden Herz und Unterleibsorgane massiert. Die Durchblutung des Unterleibs wird angeregt, und das kann gegen Impotenz wirken. Der mittlere Rückenbereich wird gestärkt, Fett um die Hüfte herum abgebaut, die inneren Organe werden gefestigt.

Übergangsposition

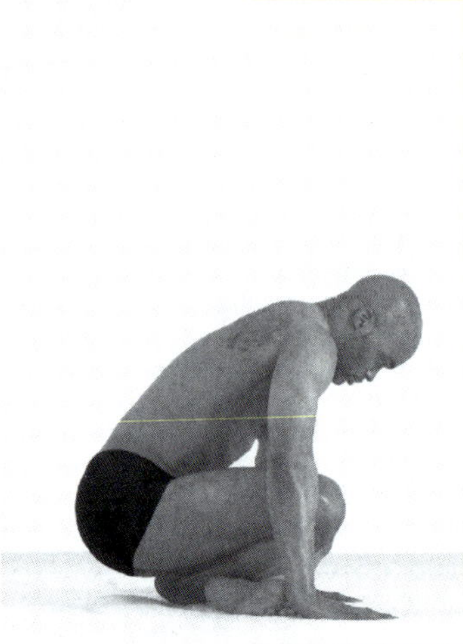

Im traditionellen Ashtanga werden die fließenden Übergänge bei Übungen im Sitzen durch die «Vinyasa-Position» geschaffen. Sie wurde in viele Power-Yoga-Programme eingebaut. Ich habe die Übergangsposition vereinfacht und beschreibe diese Variante hier. Die Position sollte idealerweise zwischen jeder sitzenden Position ausgeführt werden.
Sie können zwischen den einzelnen Sitzpositionen aber auch einfach die Grundposition des Sitzens beibehalten.

Ich habe die Übungen der Sequenz so angeordnet, dass auf jede Muskeldehnung eine Muskelentspannung folgt und der Bewegungsfluss leicht zu erlernen ist. Wenn die Atemtechnik und die Bandhas richtig ausgeführt werden, entsteht ein wirkungsvoller Bewegungsfluss und die innere Hitze wird aufrechterhalten.

Tipp

Sie können anfangs zwischen den sitzenden Positionen auch die folgende Übung machen: Die Beine kreuzen, die Arme gegen den Boden stemmen und so den Körper vom Boden heben. Hin- und herschaukeln – auch das ist sehr schwierig! Halten Sie bei dieser Übung keinesfalls die Luft an!

Einatmen.
Die Hände auf den Boden drücken und die Bauchmuskeln anspannen.
Ausatmen.
Versuchen Sie, sich vom Boden abzustoßen. Dabei kreuzen Sie die Beine, stemmen sich zwischen den Armen hindurch nach hinten und springen in den Liegestütz.
Einatmen.
Die Position «Hund nach oben» einnehmen:
Den Oberkörper hochstemmen, dabei den Brustkorb dehnen.
Die Füße über den Boden rollen, bis die Fußsohlen nach oben zeigen. Die Fußspitzen sind gestreckt.
Die Handflächen liegen auf dem Boden auf. Den Kopf leicht in den Nacken legen.

Tipp

Sie können anfangs zwischen den sitzenden Positionen auch die folgende Übung machen: Die Beine kreuzen, die Arme gegen den Boden stemmen und so den Körper vom Boden heben. Hin- und herschaukeln – auch das ist sehr schwierig! Halten Sie bei dieser Übung keinesfalls die Luft an!

Ausatmen.
Die Position «Hund nach unten» einnehmen:
Die Fußspitzen nach vorne ziehen.
Den Po hochstrecken, die Füße in hüftbreitem Abstand aufstellen.
Die Handflächen gerade auf den Boden auflegen, die Finger spreizen.
Den Kopf hängen lassen, in Richtung Knie schauen.
Die Fersen liegen, wenn möglich, auf dem Boden auf.
Einatmen.
Mit angewinkelten Beinen zwischen den Armen hindurch nach vorne schwingen, springen oder schreiten.
Ausatmen.
Die sitzende Grundposition einnehmen.

2. Rückwärtsbeuge

Einatmen.
Die Handflächen hinter sich auf dem Boden auflegen.
Die Finger sind entspannt, die Fingerspitzen weisen zum Körper.
Ausatmen.
Den Körper hochstemmen, bis nur noch die gestreckten Füße auf dem Boden aufliegen.
Der Kopf liegt tief im Nacken. Der Körper bildet eine Gerade.
Die Schulterblätter sind leicht nach hinten zusammengezogen. Der Brustkorb ist geweitet.
Die Oberschenkel sind angespannt.
Fünf Atemzüge nehmen.
Einatmen.
Sich etwas nach hinten dehnen.
Ausatmen.
Die sitzende Grundposition einnehmen oder die Übergangsposition absolvieren.

Nutzen für Body & Soul

Durch die Übung werden die Hand- und Fußgelenke gestärkt und die Schultergelenke beweglicher. Der Brustkorb wird geweitet, Herz und Kreislauf werden angeregt. Die Übung ist ein Ausgleich zu den Vorwärtsbeugen und hilft, die Müdigkeit zu vertreiben.

3. Halber Schneidersitz

Einatmen.

Das rechte Bein anwinkeln. Den Fuß auf die Innenseite des linken Oberschenkels legen.

Die Ferse berührt den Bauch, die Fußinnenseite zeigt nach oben.

Die Arme hochstrecken.

Die Bandhas aktivieren und die Oberschenkel anspannen.

Ausatmen.

Tief nach vorne beugen. Den Rücken dabei gerade lassen.

Den Oberkörper so weit wie möglich nach unten ziehen.
Den Kopf auf das Knie legen.
Den gestreckten Oberschenkel anspannen.
Zu den Füßen schauen.
Fünf Atemzüge lang in der Position verweilen.
Einatmen.
Den Kopf heben. Den Rücken aufrichten und die Arme hochstrecken.
Ausatmen.
Die sitzende Grundposition einnehmen.
Einatmen.
Die Übung zur anderen Seite hin wiederholen.
Fünf Atemzüge nehmen.
Ausatmen.
Die sitzende Grundposition einnehmen oder die Übergangsposition absolvieren.

Nutzen für Body & Soul

Die Knie werden bei dieser Übung beweglicher. Beim Vorwärtsbeugen werden die inneren Organe massiert und energetisiert. Die Sexualorgane werden besser durchblutet. Die Dünndarmfunktion wird verbessert, Konzentrationskraft und klares Denken gefördert. Die Übung soll sogar bei Depressionen helfen, was vermutlich mit der verbesserten Durchblutung des Kopfes zu tun hat.

4. Seitendehnung

Einatmen.
Das rechte Bein ausgestreckt lassen. Den linken Fuß an die Innenseite des rechten Schenkels legen. Mit der rechten Hand den rechten Fuß fassen.
Den linken Arm in einem halben Bogen über den Körper und Kopf führen und dehnen. Spüren Sie, wie sich die linke Körperseite dehnt!
Fünf Atemzüge in der Position verweilen.
Ausatmen.
Die Position lösen. Zur sitzenden Grundposition zurückkehren.
Die Übung zur anderen Seite hin wiederholen.
Fünf Atemzüge nehmen.
Ausatmen.
Lösen.

Die sitzende Grundposition einnehmen oder die Übergangsposition absolvieren.

Nutzen für Body & Soul

Die Leberentgiftung wird verstärkt gefördert und damit auch die eigene Bereitschaft, freundlich zu sein: Bei unausgeglichener Leberfunktion empfinden wir Ärger und sind leicht zu irritieren.

5. Angewinkeltes Bein

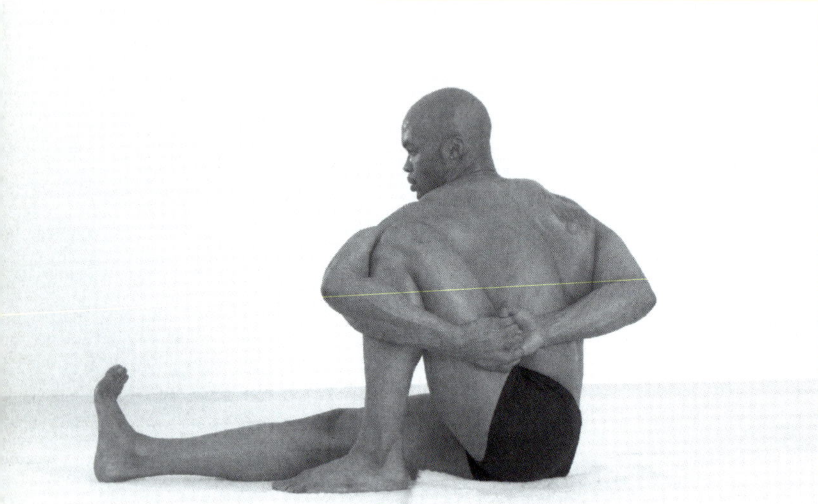

Einatmen.
Das rechte Bein anziehen. Den Fuß unter dem Gesäß auf den Boden stellen.
Die Fußaußenseite bildet eine Gerade mit der Hüfte.
Ausatmen.

Den rechten Arm nach vorne strecken.
Den Oberkörper nach rechts drehen und über die rechte Schulter schauen.
Den rechten Arm am Knie vorbei nach hinten bringen.
Den linken Arm am Rücken entlang nach unten führen, bis die rechte Hand das Handgelenk greifen kann.
Einatmen.
Den Kopf heben und den Rücken strecken.
Ausatmen.
Nach vorne beugen. Die Stirn berührt – wenn möglich – das Knie des ausgestreckten Beins.
Den linken Oberschenkel anspannen.
Fünf Atemzüge nehmen.
Einatmen.
Den Kopf heben und den Rücken strecken.
Ausatmen.
Die Haltung auflösen. Zur sitzenden Grundposition kommen.
Die Übungsfolge zur anderen Seite hin wiederholen.
Fünf Atemzüge nehmen.
Einatmen.
Den Kopf heben und den Rücken strecken.
Ausatmen.
Die Haltung auflösen.
Die sitzende Grundposition einnehmen oder die Übergangsposition absolvieren.

Tipp

Als Alternative können Sie auch nur einen Arm nach hinten führen. Der andere umschlingt das angewinkelte Knie.

Nutzen für Body & Soul

Das Gehirn wird bei dieser Position angeregt, wir werden klar, fühlen uns aktiver und können Angstgefühle bekämpfen. Wirkt gut bei Konfusionen!

6. Boot

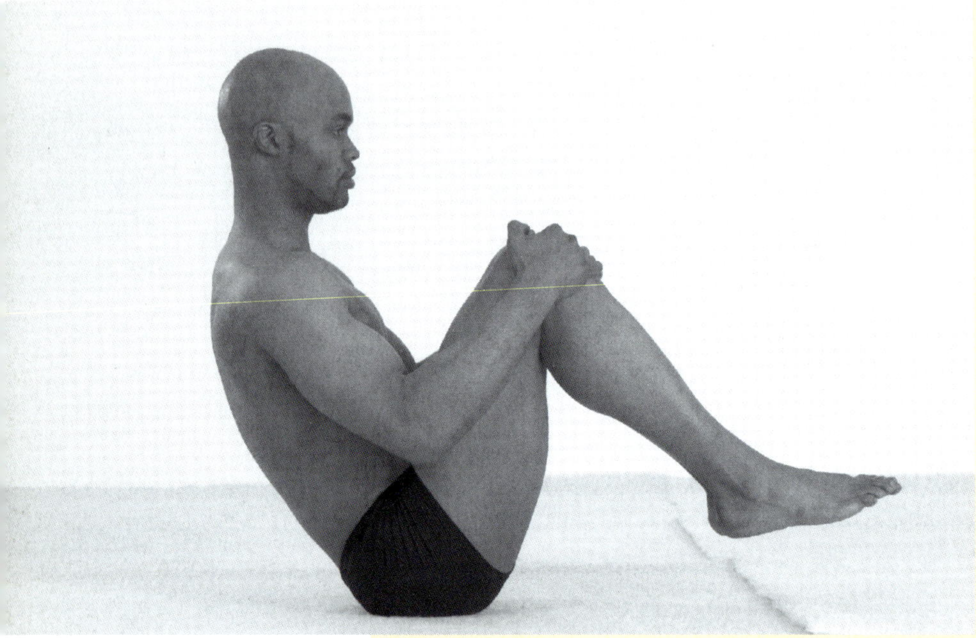

Einatmen.
Die Beine anwinkeln. Die Hände umfassen die Knie.
Ausatmen.
Beide Beine nach vorne hochschwingen und ausstrecken, sodass ein rechter Winkel zum Rumpf entsteht. Die Arme parallel dazu ausstrecken.
Der Rücken ist gerade. Die Bandhas sind aktiv.
Der Blick ruht auf den Füßen.
Fünf Atemzüge lang die Position halten.
Einatmen.
Die Beine anwinkeln. Die Hände umfassen die Knie.
Drei Atemzüge nehmen.
Ausatmen.
Die Position lösen.
Die sitzende Grundposition einnehmen oder die Übergangsposition absolvieren.
Die Übung zweimal wiederholen, zwischendurch jeweils drei Atemzüge einlegen.

Tipp

Vorsicht: Um eine bessere Stabilität zu erreichen, darf der Rücken nicht belastet werden. Die Kraft muss alleine aus den Bandhas kommen. Wenn Sie diese Technik nicht befolgen, können Schmerzen in der mittleren Rückenpartie entstehen. Statt der drei Übungssequenzen können Sie anfangs nur eine einzige ausführen.
Wenn die Kraft für die Übung noch nicht ausreicht, können Sie sie mit angewinkelten Knien ausführen.

Nutzen für Body & Soul

Die Position hilft, einen aufgeblähten Bauch zu entspannen. Langsam verschwindet auch das Körperfett im Bereich der Taille. Die Hitze im Körper wird intensiviert, Sie können sich besser dehnen.

7. Mönch

Einatmen.
Die Beine spreizen, mit dem Oberkörper nach vorne kommen.
Ausatmen.
Die Arme gleiten von innen unter die Beine und schieben sie so weit wie möglich nach außen. Der Rücken bleibt gerade.
Die Fersen liegen locker auf dem Boden auf.
Die Wirbelsäule dehnen. Die Nasenspitze berührt, falls es geht, den Boden.
Fünf Atemzüge in der Position verweilen.
Einatmen.
Lösen.
Die sitzende Grundposition einnehmen oder die Übergangsposition absolvieren.
Die Beine anwinkeln, die Hände umfassen die Knie.

Nutzen für Body & Soul

Die Wirbelsäule wird gekräftigt und das Nervensystem gestärkt. In der vollen Mönchsposition befinden sich die Hände hinter dem Rücken – einige Yogis schlafen in dieser Haltung in den kalten Bergregionen des Himalajas, um die innere Wärme aufrechtzuerhalten.
Das Wichtigste an der Übung ist die Dehnung der Wirbelsäule: Die Bandscheiben bekommen mehr Platz, wir werden größer. Ob im Stehen, Sitzen oder Liegen – dehnen Sie die Wirbelsäule immer wieder zwischendurch. Das gibt einen kleinen Energieschub und entspannt die Nerven!

8. Gehaltener Winkel

Einatmen.
Die Fußsohlen aneinander legen. Die Unterseiten nach oben kippen.
Die Hände umfassen die Füße. Die Wirbelsäule ist gestreckt.
Die Schultern sind etwas zurückgezogen.
Ausatmen.
Von der Hüften heraus nach vorne beugen, Rumpf und Nasenspitze berühren den Boden.
Fünf Atemzüge in der Haltung verweilen.
Einatmen.
Nach oben kommen.
Die sitzende Grundposition einnehmen oder die Übergangsposition absolvieren.

Nutzen für Body & Soul

Die Position wirkt sich positiv auf Probleme im Urogenitalbereich aus. Wenn die Nierenfunktion angeregt ist, kann man alles viel relaxter erledigen. Die Blutzirkulation im Unterleib wird verbessert. Verspannungen im Bereich des Kreuzbeins lösen sich.

9. Sitzender Winkel

Einatmen.
Die Beine leicht anwinkeln. Zehen mit Daumen, Zeige- und Mittelfinger umfassen.
Ausatmen.
Die Beine hochschwingen und durchstrecken. Die Wirbelsäule dehnen.
Die Bandhas aktivieren, die Oberschenkel anspannen.
Fünf Atemzüge lang die Position halten.
Einatmen.
Nach hinten rollen.
Ausatmen.
Die Fußspitzen weiter festhalten und hinter dem Kopf auf dem Boden aufstellen.
Die Bandhas sind aktiv.
Fünf Atemzüge nehmen.
Einatmen.
Die Knie leicht anwinkeln. Die Zehen festhalten.
Nach vorne rollen.
Die Beine auf dem Boden ablegen.
Ausatmen.
Die Position lösen.
Die sitzende Grundposition einnehmen oder die Übergangsposition absolvieren.

Tipp

Versuchen Sie anfangs, die Beine hochzuschwingen und sich am Boden mit den Händen abzustützen! Zentraler Energiepunkt ist der Beckenbodenschlüssel: Aktivieren Sie ihn! Das wird Ihnen helfen, das Gleichgewicht zu bewahren!

Einatmen.
Zum Relaxen die Beine anwinkeln. Mit den Händen die Knie umfassen.
Sich mit angewinkelten Knien auf den Rücken legen.
Die Bandhas lösen.

Vorsicht

Keinesfalls den Atemfluss während der Position zum Stocken bringen, sonst können Rückenschmerzen auftreten!

Nutzen für Body & Soul

Die Bauchmuskulatur wird straffer, die Beinmuskulatur gestärkt. Kopfschmerzen können nachlassen. Die Milz wird angeregt, Lust und Offenheit werden gefördert. Ist die Milzfunktion unausgeglichen, wird das Denken unklar und man verliert sich in sorgenvollem Grübeln.

Liegende Positionen: Warm-down

Nach dem «Sitzenden Winkel» sind die Übungen zur intensiven Hitzeentwicklung abgeschlossen. Konzentrieren Sie sich weiterhin auf die Bandhas und die statischen Muskelkontraktionen. Achten Sie darauf, ruhig und regelmäßig zu atmen. Nun gehen wir zu den liegenden Positionen über, um die Muskeln gemächlich abzukühlen.

Nutzen für Body und Soul

Durch die Kraftarbeit erhalten Sie die Wärme innerhalb des Körpers garantiert aufrecht. Die Psyche wird ausgeglichen, der Körper schaltet runter.

Die Sequenz im Überblick

Grundposition: Liegen

1. Seitwärtstwist
2. Gestreckter Seitwärtstwist
3. Schulterbrücke
4. Brücke
5. Schulterstand
6. Kopfstand

Übungsdauer

7 Positionen; etwa 5 bis 7 Minuten

Grundposition: Liegen

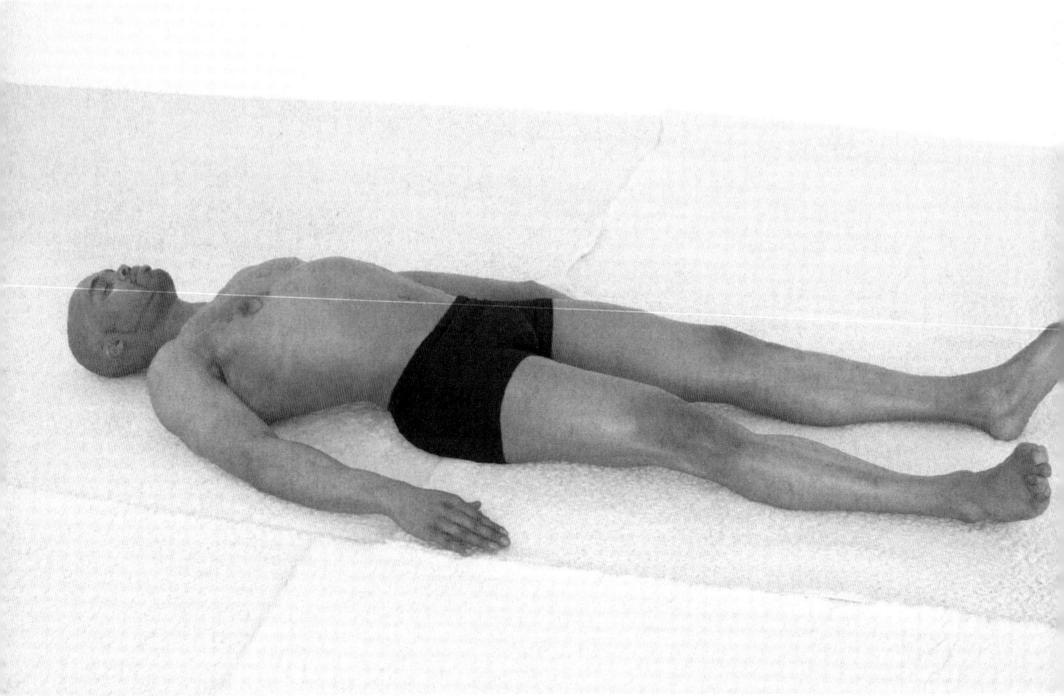

Ausatmen.
Die Beine loslassen und langsam auf dem Boden ausstrecken.
Die Arme seitlich ausstrecken. Die Beine leicht spreizen.
Die Augen sind geöffnet.
Achten Sie darauf, dass die Körperhaltung symmetrisch ist.
Der Kopf ist nach oben gerichtet, der Blick geht nach oben.
Fünf Atemzüge in der Haltung verweilen.

1. Seitwärtstwist

Tipp

Wenn Sie das Knie nicht unten halten können, drücken Sie es anfangs mit der linken Hand sanft nach unten. Achten Sie dabei darauf, dass der Kopf gerade liegen bleibt!

Einatmen.
Das rechte Bein anwinkeln, den Fuß ans linke Knie führen.
Das Gesäß bleibt am Boden.
Die Arme bleiben seitlich ausgestreckt.
Der Kopf ist gerade, der Blick geht nach oben.
Ausatmen.
Das rechte Knie links vom linken Bein in Richtung Boden dehnen. Der Fuß bleibt am linken Knie.
Die Bandhas sind aktiviert und der linke Oberschenkel ist angespannt.
Fünf Atemzüge machen.

2. Gestreckter Seitwärtstwist

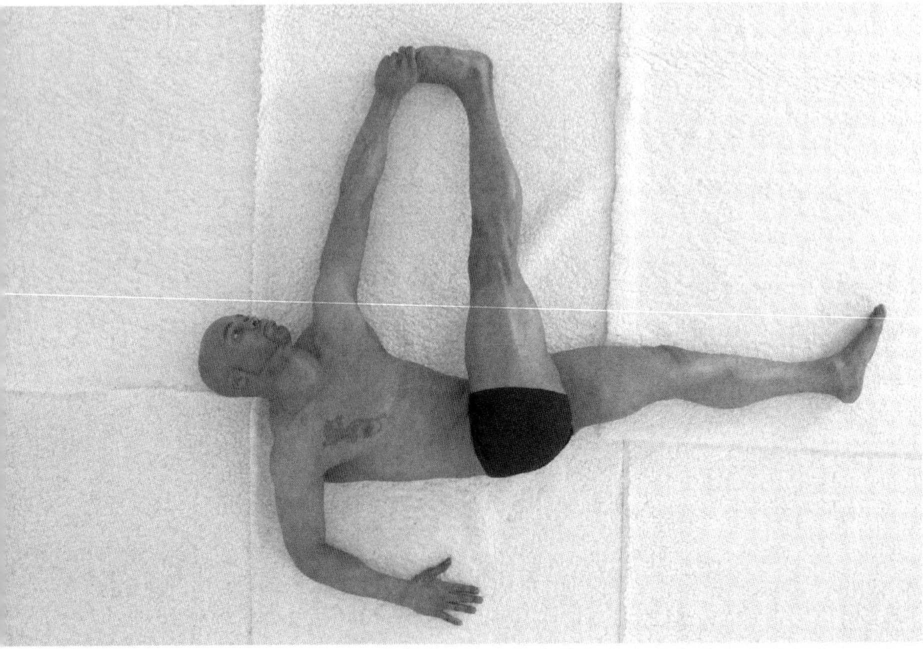

Einatmen.
Die Zehen des rechten Fußes mit der linken Hand fassen.
Ausatmen.
Das angewinkelte rechte Bein strecken, bis es im rechten Winkel zum anderen Bein liegt.
Einatmen.
Die Bandhas sind aktiviert und der linke Oberschenkel ist angespannt.
Ausatmen.
Der Kopf dreht sich nach rechts.
Fünf Atemzüge nehmen und in der Haltung verweilen.
Einatmen.
Das rechte Bein anwinkeln und hochschwingen.
Ausatmen.
Das Bein auf dem Boden ausstrecken.

Die letzten zwei Positionen («Seitwärtstwist» und «Gestreckter Seitwärtstwist») jetzt zur anderen Seite ausführen:
Einatmen.
Das linke Bein anwinkeln, den Fuß auf die Höhe des Knies bringen.
Das Gesäß bleibt am Boden.
Die Arme bleiben seitlich ausgestreckt.
Der Kopf ist gerade, der Blick geht nach oben.
Ausatmen.
Das linke Knie rechts vom rechten Bein in Richtung Boden dehnen. Der Fuß bleibt am rechten Knie.
Die Bandhas sind aktiviert und der linke Oberschenkel ist angespannt.
Fünf Atemzüge machen.
Einatmen.
Die Zehen des angewinkelten Fußes mit der rechten Hand fassen.
Ausatmen.
Das angewinkelte Bein strecken und dehnen. Das Gesäß bleibt am Boden.
Der Kopf dreht sich zur linken Seite.
Fünf Atemzüge nehmen.
Einatmen.
Das linke Bein anwinkeln und hochschwingen.
Ausatmen.
Das Bein auf dem Boden ausstrecken. Die Spannung lösen.

Nutzen für Body & Soul

Die Übung reduziert Fett um die Hüften, die Funktionen von Leber und Bauchspeicheldrüse werden intensiviert. Verspannungen im Bereich des unteren Rückens und im Nacken lösen sich.

3. Schulterbrücke

Einatmen.
Die Beine anwinkeln.
Ausatmen.
Die Füße fest auf den Boden drücken.
Einatmen.
Die Arme ausgestreckt im Bogen nach hinten führen und auf dem Boden auflegen.
Das Becken hochdrücken. Das Gewicht gleichmäßig auf Schultern und Füße verteilen.
Die Bandhas sind aktiviert, die Oberschenkelmuskeln angespannt.
Ausatmen.
Die Arme wieder heben und neben den Körper bringen.
Das Becken senkt sich, bis das Gesäß wieder auf dem Boden liegt.
Die Übung insgesamt dreimal ausführen.
Einatmen.

Jetzt die Arme weiter neben dem Körper behalten.
Das Becken hoch nach oben drücken.
Die Bandhas sind aktiviert, die Oberschenkelmuskeln angespannt.
Auf die Zehenspitzen stellen.
Fünf Atemzüge lang in der Position verharren.
Ausatmen.
Die Position lösen. Das Becken auf den Boden sinken lassen, die Beine langsam ausstrecken.

4. Brücke

Einatmen.
Die Hände hinter dem Kopf auf dem Boden aufsetzen.
Ausatmen.
Die Füße fest in den Boden stemmen.
Einatmen.
Mit dem Körper hochgehen in die Brücke.
Die Position fünf Atemzüge lang halten.
Ausatmen.
Langsam zum Boden hinuntersinken.
Einatmen.
Die Beine anziehen und kurz umfassen.
Ausatmen.
Die Position wieder lösen. Liegen.

5. Schulterstand

Einatmen.
Die Bandhas sind aktiviert, die Oberschenkel angespannt.
Die Beine heben und langsam hochschwingen. Den Körper seitlich mit den Händen abstützen.
Ausatmen.
Die Beine schweben über dem Kopf. Die Zehenspitzen sind angezogen.
Einatmen.
Die Beine weiter hochstrecken, in den Schulterstand gehen. Den Rücken dabei gerade halten und weiter abstützen.
Die Zehenspitzen weisen nach oben.
Die Bandhas sind aktiviert, die Oberschenkelmuskeln angespannt.
Fünf Atemzüge in der Position bleiben.
Ausatmen.
Die ausgestreckten Beine langsam hinter den Kopf bringen. Zum Boden senken, bis die Zehenspitzen den Boden berühren.
Die Arme lösen und strecken. Die Hände zusammenführen, falten und nach außen drehen. Das Kinn ist etwas nach unten gezogen.

Einatmen.
Die Hände auf das Gesäß legen.
Ausatmen.
Die Knie seitlich neben den Ohren auf den Boden sinken lassen.
Fünf Atemzüge lang die Position halten.
Einatmen.
Die Knie vom Boden heben.
Ausatmen.
Mit den Füßen leicht vom Boden abstoßen. Langsam die Wirbelsäule abrollen.
Die Beine gestreckt lassen. Die Bandhas sind aktiviert, die Oberschenkelmuskeln angespannt.
Die Beine ausgestreckt auf den Boden legen.
Einatmen.
Die Beine anwinkeln. Hochkommen zum Sitzen, die Knie mit den Händen umfassen.
Langsam die Wirbelsäule abrollen und wieder auf den Boden legen.
Ausatmen.
Sich ausstrecken und kurz entspannen.

Vorsicht

Der Schulterstand sollte nicht ausgeführt werden, wenn Sie unter hohem Blutdruck leiden, Nackenprobleme oder eine Nackenverletzung haben.

Nutzen für Body & Soul

Der Schulterstand wird als die Urform der klassischen Ashtanga-Yogaübungen bezeichnet. Er wirkt auf den ganzen Körper harmonisierend, indem er das Hormonsystem stimuliert. Die Nackenregion wird durch die Übung stark durchblutet, das Herz ebenfalls gut versorgt. Der Schulterstand wirkt wohltuend bei Bronchitis und Asthma, hilft bei Kopfschmerzen und sogar bei Verstopfung. Die Nerven beruhigen sich und Schlafstörungen vergehen.

6. Kopfstand

Einatmen.
Die Beine anwinkeln und unter den Po ziehen.
Ausatmen.
Auf die Fußsohlen setzen.
Einatmen.
Die Arme nach vorne ausstrecken. Die Hände mit fest verzahnten Fingern ineinander legen.
Ausatmen.
Den Kopf bequem in die Hände legen, bis er gut von ihnen gestützt wird.
Langsam hochklettern, indem Sie die Füße in den Boden stemmen und nach vorne laufen.
Auf halber Höhe die Position halten oder – für Geübte – einen freien Kopfstand machen.
Die Position zehn Atemzüge lang halten.
Dabei die Bandhas aktivieren.

Einatmen.
Die Spannung lösen.
Ausatmen.
Langsam hinunter zum Boden kommen, die Füße aufsetzen und die Hände lösen.

Vorsicht

Neueinsteiger sollten den Kopfstand nicht machen, ohne dass ein Lehrer dabei ist. Gehen Sie stattdessen in den halben Kopfstand.

Nutzen für Body & Soul

Die alten Yogis behaupten, der halbe Kopfstand sei eine exzellente Maßnahme gegen Depressionen und Frustgefühle. Neuere medizinische Erkenntnisse bestätigen die positiven Effekte – er soll zudem ein natürliches Anti-Aging für Kopf und Körper sein. Der Kopfstand ist die «Mutter» aller Yogapositionen. Die Yogameister glaubten, dass jeder Kopfstand, der einige Minuten lang ausgeführt wird, das Leben um eine Stunde verlängert.

Schlusspositionen

Tief in uns gibt es etwas Geheimnisvolles, Wirkliches und Starkes, was keiner Veränderung unterliegt. Oft ist uns nicht bewusst, dass uns diese innere Kraft leitet. Es ist, als ob wir in einem Fluss schwimmen, das Ufer nicht sehen und daher den Strömungslauf nicht wahrnehmen. Wenn wir uns aber mit dieser Kraft verbinden, merken wir, wie sie uns steuert, und wir können uns von ihr tragen lassen. Power-Yoga auszuüben heißt nichts anderes, als dies geschehen zu lassen.

Durch die Schlusspositionen sammeln wir die im Training aufgebaute Energie. Dabei kommt der Körper zur Ruhe. Auch jetzt ist es wichtig, die Konzentration aufrechtzuerhalten, damit wir keine innere Wärme verlieren.

Nutzen für Körper, Seele und Geist

Die Übungen fördern die innere Harmonie und Gelassenheit. Sie befreien den Geist und verschaffen neuen Einblick in die Gefühlswelt. Der Körper kühlt langsam ab, wir kommen zur Ruhe und erreichen einen Zustand vollständiger Entspannung. Durch jedes Organ und jede Körperzelle fließt Energie. Sie fühlen sich leicht, gelassen und euphorisch.

Tipp

Die Ruhestellung ist die wichtigste der Schlusspositionen. Auch wenn Sie nur wenig Zeit haben und Ihre Energie sofort aktiv umsetzen wollen, sollten Sie sich unbedingt die Zeit zu einer sinnvollen Integration der freigesetzten Energie nehmen.

Die Sequenz im Überblick

1. Schneidersitz
2. Ruhig Sitzen
3. Feueratem
4. Ruhestellung

Dauer

3 Schlusspositionen plus Ruhestellung; 3 Minuten plus 5 Minuten in der Ruhestellung. Die Ruhestellung kann beliebig lang ausgedehnt werden

1. Schneidersitz

Einatmen.
Einen Fuß anziehen, die Fußinnenseite gegen den Oberschenkel pressen.
Ausatmen.
Einatmen.
Den anderen Fuß anziehen und die Fußinnenseite gegen den Oberschenkel pressen.
Ausatmen.
Einatmen.
Die Hände nach oben führen, evtl. verschränken und nach außen drehen.
Ausatmen.
Nach vorne kommen.
Die Arme ziehen den Körper in Richtung Boden. Die Stirn berührt den Boden.
Fünf Atemzüge lang in der Position bleiben.
Einatmen.
Wieder hochkommen.
Ausatmen.
Die Hände lösen und auf die Knie legen.

Tipp

Alternative: Statt im Schneidersitz können Sie auch mit gekreuzten Beinen den Lotussitz einnehmen. Dazu werden die Füße auf die Oberschenkelinnenseiten gelegt. Nichts für Anfänger!

2. Ruhig sitzen

Einatmen.
Ruhig sitzen.
Die Hände liegen auf den Knien. Daumen und Zeigefinger bilden einen Kreis. Die Handflächen zeigen nach oben.
Ausatmen.
Die Wirbelsäule dehnen. Den Brustkorb weiten.
Die Schultern sind entspannt. Das Kinn ist leicht nach unten gezogen.
Die Augen sind halb offen. Fixieren Sie einen Punkt auf dem Boden.
Die Bandhas sind angespannt.
Zehn Atemzüge lang in der Position verweilen.

3. Feueratem

Einatmen.
Die Handflächen neben dem Körper auf den Boden auflegen.
Ausatmen.
Hochstemmen und die Knie in Richtung Körper ziehen.
Nach vorne schauen.
Die Bandhas sind aktiv.

Zehnmal die Luft kräftig und schnell aus Bauch und Lunge stoßen (Feueratem).
Ausatmen.
Lösen. Langsam die Beine strecken und in die Liegeposition gehen.

Vorsicht

Der Feueratem ist ähnlich wie die Hyperventilation eine Technik, die unerwünschte Emotionen auslösen kann. Es kann Ihnen schwindlig werden. Tasten Sie sich vorsichtig an die Übung heran, am besten im Beisein eines Lehrers.

Nutzen für Body & Soul

Während der drei Schlusspositionen werden Körper, Seele und Geist harmonisiert. Das Blut zirkuliert im unteren Rückenbereich, sodass die Wirbelsäule und die Unterleibsorgane gestärkt werden. Wir kommen zur Ruhe. Die gerade Wirbelsäule hilft uns, aufmerksam und wach zu sein.

4. Relaxposition

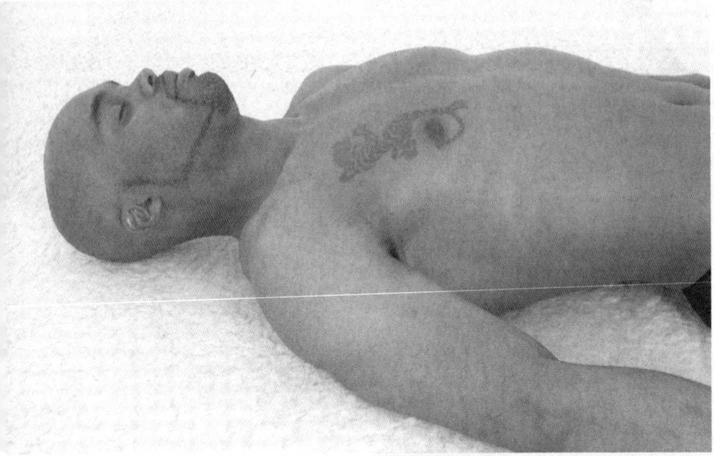

Tipp

Die Ruhestellung ist die wichtigste Position des ganzen Power-Workouts, ohne die Sie die freigesetzte Energie nicht vollständig in sich aufnehmen können. Nehmen Sie sich darum bitte unbedingt genügend Zeit dafür! Es ist die Position – und innere Haltung –, die am schwierigsten zu meistern ist.

Einatmen.
Arme und Beine sind leicht gespreizt. Achten Sie auf die Symmetrie.
Das Kinn ist leicht nach unten gezogen.
Ausatmen.
Die Augen schließen. Den Körper entspannen, das Gewicht an den Boden abgeben.
Legen Sie sich so hin, dass Sie nichts mehr stört. Lösen Sie jetzt alle Spannung, die noch in Ihnen ist.
Die Atmung ist normal und ruhig. Die Bandhas sind nicht mehr aktiv.
Sie sind passiv, bleiben aber wach.
Sie können 5 bis 10 Minuten (oder länger) liegen bleiben.
Wenn Sie einschlafen, ist das auch okay. Der Körper kann Defizite haben, die er ausgleichen möchte.
Der Körper kühlt ab, beruhigt sich. Alle Anstrengungen des Trainings fallen ab.
Müdigkeit verfliegt normalerweise schnell. Wir haben die Chance, leer zu werden.
Der Geist ist klar. Sie sind ganz ruhig.
Trotzdem: Die Energie schwirrt nur so durch den Körper.

Ein besonderes Hochgefühl

Im Liegen können die freigesetzten Energien Sie überwältigen – es kann vorkommen, dass Sie das Gefühl für den Boden unter sich verlieren und ein Gefühl des Schwebens erleben! Überall in Ihrem Körper zirkuliert Energie, die Wirbelsäule fühlt sich wie ein elektrisierter Stab an. Vor den geschlossenen Lidern tanzen bisweilen Lichtfunken. Trotzdem ist der Geist klar und ruhig. Sie sind vollkommen entspannt und genießen einen Zustand voller Geistesgegenwart.

Wenn Sie aufstehen und die Augen öffnen, sehen Sie die Welt mit ganz anderen Augen! Sie fühlen sich leicht und unbelastet. Ihre Augen glänzen. Andere spüren förmlich Ihre Energie und fühlen sich magisch angezogen.

Sie haben intensiv an sich und Ihrem Körper gearbeitet. Nehmen Sie die Frische und Wachheit mit in Ihr Leben und zu den anderen Menschen!

Das Workout ist zu Ende.

Zur Wirkungssteigerung können Sie noch besondere Atemübungen und eine Meditation anhängen.

Atemübungen und Meditation

Atemübungen helfen uns, die Reinigungsprozesse in Körper und Geist zu intensivieren. Sie sollten nicht vor dem Training, sondern danach oder unabhängig davon praktiziert werden.

Die Übungen werden am besten im Sitzen ausgeführt. Falls Sie Probleme haben, längere Zeit auf dem Boden zu sitzen, nehmen Sie einen Stuhl oder stellen Sie sich hin. Wichtig ist, dass die Wirbelsäule gerade ist!

Versuchen Sie, ein gleichmäßiges Atemmuster zu entwickeln. Dann wird der Geist ruhig und Emotionen stabilisieren sich. Das Auf und Ab der Gefühle kann über den kontrollierten Atemstrom, den man durch die Nasenlöcher fließen lässt, dirigiert und gelenkt werden. Das Einatmen durch das rechte Nasenloch und das Ausatmen durch das linke aktiviert und stimuliert uns, wenn man die Übung umgekehrt macht, beruhigen wir uns.

Hier sind einige Beispiele für die Zeitdauer der Ein- und Ausatmung – die Ziffern stehen für Sekunden. Beginnen Sie mit dem Einatmen:

- 8–0–8–0
- 8–0–16–0
- 7–3–7–3

Versuchen Sie, einen Atemrhythmus zu finden, der zu Ihnen passt. Am besten ist es, einen erfahrenen Lehrer zu konsultieren. Er sorgt dafür, dass Sie sich mit den Übungen nicht überlasten oder ohne äußeren Halt an Ihre Grenzen stoßen. Atemübungen können eine starke Wirkung haben und unterdrückte Emotionen oder auch Erinnerungen freisetzen.

Meditationsposition

Nutzen für Body & Soul

Meditation, so weiß man heute, stärkt und reinigt das Nervensystem. Es ist das stärkste, im Westen noch am wenigsten erkannte Beruhigungsmittel für eine aufgewühlte Seele oder einen gestressten Körper. Täglich 10 Minuten – morgens oder abends – können Ihnen dabei helfen, Abstand von innerem oder äußerem Stress zu bekommen und Gelassenheit zu entwickeln.

Vorbereitung zur Meditation

Legen Sie ein Atemmuster fest.

Wenn Sie nicht sicher sind, welches Sie wählen sollen, versuchen Sie es mit 5–1–7–1. Das ist ein einfacher, unkomplizierter Atemrhythmus.

Halten Sie den Atem nach dem Einatmen nicht zu lange an!

Setzen Sie sich in den Schneidersitz, in den halben Lotussitz (dabei liegt ein Fuß auf der Innenseite der Oberschenkel) oder in den vollständigen Lotussitz. Hauptsache, die Wirbelsäule ist aufgerichtet.

Der rechte Daumen liegt auf dem rechten Nasenflügel.

Die Wirbelsäule ist gerade.

Die freie Hand liegt entspannt auf dem Knie.

Das Kinn ist leicht nach unten gezogen.

Aktivieren Sie jetzt die Bandhas.

Einatmen.

Das rechte Nasenloch ist durch den Daumen geschlossen.

Sie atmen langsam durch das freie Nasenloch, der Atem umkreist dabei die Wirbelsäule abwärts bis zu ihrer Basis.

Zählen Sie (5).

Verweilen Sie kurz (1).

Ausatmen.

Der Daumen hält nun das linke Nasenloch zu.

Zählen Sie (7).

Der Atem kreist um die Wirbelsäule nach oben.

Die Bandhas sind aktiv.

Versenken Sie sich einen Moment lang in diese Haltung (1).

So atmen Sie ca. 5–10 Minuten lang.

Zur inneren Beruhigung sollte die Übung umgekehrt ausgeführt werden (7–1–5–1).

Meditation

Durch die Atemübungen sind Sie für die Meditation bereit. Lassen Sie es geschehen, dass der Geist und die Nerven sich beruhigen. Während der Meditation werden Sie von vielem, was Ihnen durch den Kopf geht, Abstand finden. Sie können Emotionen loslassen.
Sitzen Sie einfach still oder wählen Sie ein Mantra (z. B. «Om») aus, auf das sich der Geist konzentrieren kann. Sie können sich aber auch auf ein bestimmtes Thema einstellen, um während der Meditation neue Inspirationen zu erfahren.
Während der Meditation liegen die Hände locker auf den Knien. Es gibt zwei verschiedene Handstellungen:

- **Die Hände sind nach oben geöffnet (der Energiekreis ist offen, Aufnahme der Energie von außen).**
- **Bringen Sie Daumen und Zeigefinger ringförmig zusammen (der Energiekreis schließt sich).**

Gratulation!

Sie haben auf denkbar einfache Weise Energie, Kraft, Ausdauer, Ausstrahlung und persönliches Wachstum angeregt!
Ihre sexuellen Erfahrungen werden sich ändern und Ihr Leben wird neue Akzente bekommen. Machen Sie sich auf ein Abenteuer gefasst, und genießen Sie Ihren muskulösen und sensibilisierten Körper, Ihre souveräne und gelassene Haltung! Sie haben sich sowohl psychisch und physisch als auch mental erneuert. Freuen Sie sich auf die neuen Inspirationen in Ihrem Leben.
Ich wünsche Ihnen viel Spaß dabei!

Danksagung

Ganz herzlich möchte ich mich bei Bernd Gottwald vom Rowohlt Verlag bedanken. Unser erstes Gespräch war nicht nur sehr amüsant, sondern auch offen und kooperativ. Ich freue mich, dass er für dieses Projekt aufgeschlossen war und sich bei «Men's Health» dafür eingesetzt hat, dort ein Männer-Workout zu publizieren, das wirklich sexy ist!

Danke, Scotty.

Zum anderen gebührt der Dank meiner Frau, Partnerin und Freundin, ohne die ich das Buch nicht geschrieben hätte. Ihr Feedback hat mir sehr geholfen.

Wenn Sie mehr wissen wollen ...

Literatur

Pattabhi Jois: Yoga Mala, New York 2001

Desikachar, T. K.: Yoga. Gesundheit von Körper und Geist, Berlin 2000

B. K. S. Iyengar: Light on Yoga, Schocken 1966.

Gary Kraftsow: Yoga for Wellness, Penguin 1999

Beryl Bender-Birch: Power-Yoga, Knaur 1999

Christa G. Traczinski: Das große Buch Power-Yoga, Verlag Gesundheit 2000

Video / DVD mit Robert S. Polster

«Power-Yoga Basic», polyband, München 2000

«Power-Yoga Advanced», polyband, München 2000

Musik

«Power-Yoga – Time to change» – Soundtrack: 2 CDs, Projekt Balance, polyband 2000

Der Autor

Robert S. Polster ist gebürtiger Amerikaner und war in L. A. lange Zeit einer der bekanntesten Personal-Trainer. Nach 20 Jahren Erfahrung mit unterschiedlichen Fitnessstilen, Wellness, Atemtherapie und Power-Yoga unterrichtet er jetzt in Berlin. Dort gibt er verschiedene Workout-Trainingsseminare und Yoga- und Wellness-Kurse.